DAS
Achtsamkeits-
KOCHBUCH

INHALT

Hintergrund

Gut zu wissen

Üben & erfahren

102

19

18

DIE REZEPT-
ÜBERSICHT
FINDEST DU
AUF DEN NÄCHSTEN
BEIDEN SEITEN!

Nachdenken &
notieren

REZEPTE

24

vegan   vegetarisch

51 ⇒

Erlaube dir selbst,
den jetzigen
Moment,
genauso wie er ist, anzunehmen.
Erlaube dir selbst,
genauso
wie du bist,
zu sein.

JON KABAT-ZINN

VOM GLÜCK
BEIM ACHTSAMEN ESSEN UND GENIESSEN

Du möchtest gesund und zufrieden, voll Lebensfreude und Energie durch deinen Tag gehen – dazu gehört, achtsam mit dir selbst umzugehen. Vielleicht geht es dir aber auch so: Das Gefühl für uns selbst und unseren Körper ist uns im Alltag ein bisschen abhandengekommen, wir haben verlernt, Genussmomente im Hier und Jetzt sehr bewusst, mit ganzer Hingabe zu erleben, vieles tut uns einfach nicht gut.

Auf dem Weg zu einem glücklicheren und gesünderen Leben spielen Essen und Genuss eine wichtige Rolle. Achtsames Essen ist mehr als reine Nahrungsaufnahme, es macht nicht nur satt oder dient gar der Kompensation: Beim achtsamen Essen schmeckt es uns einfach gut, es ist Genuss pur, sorgt für unser Wohlbefinden und, wenn wir das wollen, für eine entspannte, fröhliche Zeit im Kreise unserer Lieben. Achtsames Essen wärmt, es schenkt Freude, Geborgenheit, innere Balance und frische Kraft.

Die gute Nachricht: Du kannst all das erleben! Halte einmal inne, spüre in dich hinein und achte auf deine wahren Bedürfnisse. Lass los, was dich nicht froh macht und dir nicht guttut. Schenke dir selbst und deiner Nahrung wieder liebevolle Aufmerksamkeit und nimm jeden Augenblick wertfrei und bewusst wahr – es macht dein tägliches Leben so viel reicher! Sei du selbst, tu, was du magst, und lass es dir gut gehen! Gelassen zu leben und zu genießen tut uns und unserer Gesundheit unendlich wohl.

Die Gedanken und Übungen in diesem Buch mögen dich dabei unterstützen. Sie mögen dazu dienen, all deine Sinne und natürlichen Ressourcen wieder zu aktivieren, sie mögen dich ermutigen, dich selbst wieder wertzuschätzen und dir wieder Zeit für dich zu nehmen. Sie mögen dich anregen, Nahrungsmittel achtsam für dich auszuwählen und entspannt und mit Spaß daran zuzubereiten. In unseren Rezepten setzen wir Achtsamkeit praktisch um – so entstehen leckere kunterbunte Gerichte, deren Zutaten und Gewürze harmonisch aufeinander abgestimmt sind. Dieses Buch soll dich aber zugleich auch einladen, deine eigenen Ideen, dein Lieblingsgemüse & Co. einzubringen.

Viel Freude beim achtsamen Schmökern, Üben, Kochen und Genießen!

ACHTSAMKEIT
Was ist das eigentlich?

ACHTSAMKEIT IST DIE FÄHIGKEIT EINES MENSCHEN, SICH GEISTIG
ZU SAMMELN UND SICH AUF DIESE WEISE AUF SEINE ZENTRALEN WERTE
UND SEINE INNERE MOTIVATION ZURÜCKZUBESINNEN.

Dalai Lama,
Oberhaupt des tibetischen Buddhismus

Heute schon an morgen denken, organisieren und planen – statt den Augenblick bewusst zu erleben, ist unser Kopf meist schon mit der Zukunft beschäftigt. Dieses „Gedankenkarussell" führt leicht zu Stress und entfernt uns von unserem Selbst und unseren eigentlichen Bedürfnissen. Achtsamkeit ist eine wirksame Methode, um dieser Körper und Seele nicht wohltuenden Selbstentfremdung entgegenzuwirken. Anders mit sich und seiner Umgebung umzugehen, das Hier und Jetzt mit allen Fasern des Körpers, aber auch mit allen Kräften des Geistes wahrzunehmen, mündet in mehr Gelassenheit und verhilft zu einem neuen, gesünderen und glücklicheren Lebensgefühl.

Dieses bewusste Verweilen in einem einzelnen Moment, ohne ihn jedoch zu bewerten, ist kein neues Konzept, sondern eine altbewährte Lehre. Sie stammt ursprünglich aus dem Buddhismus, wo sie als Praxis der Achtsamkeit und Meditation den Menschen zum spirituellen Ziel der Weisheit führen soll. Durch den US-amerikanischen Molekularbiologen Jon Kabat-Zinn verbreitete sich das Thema Achtsamkeit ab Ende der 1970er-Jahre auch in den westlichen Kulturen. Orientiert an Yoga-Haltungen und buddhistischen Meditationsübungen, entwickelte er ein modernes Achtsamkeitstraining, das vor allem der Stressbewältigung und der Burn-out-Prävention dienen sollte. Heute sind seine Übungen ein anerkannter Teil der modernen Verhaltenstherapie. Darüber hinaus hat sich der Gedanke eines achtsam geführten Lebens, das Bemühen, mit dir selbst gut umzugehen, mittlerweile in viele Lebensbereiche verbreitet.

Innehalten & spüren

Um den gegenwärtigen Moment und damit auch dich persönlich wahrzunehmen, ist es oft gut, einfach einen kleinen Schritt zurückzutreten und dich selbst zu beobachten. Wie bei einem Film vom Band, wenn man auf die Pause-Taste drückt, frierst du deine Tätigkeit für kurze Zeit ein.

✳ Womit beschäftige ich mich gerade?

✳ Wie mache ich diese Tätigkeit?

✳ Wie fühlt sich das an?

Stell dir diese kleinen Fragen, um dir deine gegenwärtige Situation und deine Gefühle dabei bewusst zu machen. Versuche dabei aber möglichst nur gelassen zu beobachten und nicht gleich zu bewerten.

Sitzt du zum Beispiel gerade zum Essen oder aus einem anderen Anlass am Tisch, dann nimm deine Körperhaltung wahr und fühle in deinen Körper hinein:

✳ Wo berührt dein Körper den Stuhl? Spüre mit deiner Aufmerksamkeit in diese Stellen an den Oberschenkeln und am Po hinein.

✳ Ist dein Rücken gestützt? Wo liegt er an der Lehne an?

✳ Wie berühren deine Füße den Boden? Stehen sie parallel nebeneinander? Hat die ganze Sohle Kontakt zum Boden?

✳ Was ist mit deinen Armen? Liegen sie auf der Lehne oder auf dem Tisch auf? Spüre in deine Schultern, deine Oberarme, deine Ellenbogen, deine Unterarme, deine Hände und schließlich in deine Finger hinein.

✳ Sitzt du bequem und ist dein Körper entspannt?

Hast du etwas mehr Zeit, kannst du diese Übung auch im Liegen als Reise durch den Körper gestalten: Mach es dir bequem und atme ruhig und gleichmäßig. Beginne damit, deine Füße bewusst wahrzunehmen und zu entspannen, dann wandere langsam höher über deine Beine, deinen Bauch und Rücken bis zum Kopf. Lockere zum Schluss auch deine Gesichtsmuskeln, indem du zum Beispiel den Mund leicht öffnest und die Stirn glättest. Strecke dich noch einmal genüsslich, bevor du wieder aufstehst.

~ *Nebenbei & unbewusst* ~

WENN SICH FALSCHE ESSGEWOHNHEITEN EINSCHLEIFEN

Achtsamkeit berührt alle unsere Lebensbereiche:
Ich kann zum Beispiel achtsam spazieren gehen oder Rad fahren,
indem ich versuche, meine Umgebung mit ihren Geräuschen und Gerüchen
intensiv wahrzunehmen. Ich kann achtsam duschen und dabei die einzelnen
Wassertropfen auf meiner Haut spüren, ich kann sogar achtsam einkaufen,
und natürlich kann und sollte ich auch achtsam essen.

Aber beobachte dich einmal selbst beim Essen: Wie oft gelingt es dir tatsächlich, bewusst und konzentriert zu essen? Statt achtsam zu speisen, nehmen wir meist eher unbewusst, achtlos und unkontrolliert Nahrung zu uns. Wir essen im Gehen und Stehen, statt in Ruhe an einem Tisch Platz zu nehmen. Während wir die Gabel zum Mund führen, denken wir bereits an die noch unerledigte Arbeit auf dem Schreibtisch oder an die Berge ungewaschener Wäsche. Während wir kauen, kreisen unsere Gedanken schon um die Terminplanung für den nächsten Tag. Essen vor dem Fernseher, den Teller vor sich und das Handy oder die Zeitung, das Buch daneben – auch das sind Formen achtlosen Essens. **Multitasking auch beim Essen ist das Gegenteil von Achtsamkeit.**

Eigentlich ist das Thema Essen in unserem Leben allgegenwärtig. Vollwertig, fett- oder eiweißreduziert, wenig Kohlenhydrate, Trennkost oder Rohkost, vegan – es gibt unzählige Empfehlungen, was wie und wann gegessen werden sollte. Viele Menschen sind mit ihrer Figur und ihrem Körpergewicht nicht zufrieden und suchen Hilfe bei den verschiedensten Diäten. Essen ist in unserem hektischen Alltag oft mit Regeln, Zwang und Verboten verbunden: „Iss nicht zu viel!" oder „Du bist ja schon wieder am Kauen!" auf der einen Seite und „Ach, nimm doch noch ein Stück!" oder „Schmeckt dir mein Essen nicht? Du hast ja nur eine Scheibe gegessen!" auf der anderen Seite. Die Aufforderung „iss deinen Teller leer" kennen wir schon aus der frühesten Kindheit, seitdem hat sie sich fest in unserem Kopf verankert. Aber auch das zum Ideal erhobene Körperbild Schlank und Fit macht es vielen von uns nicht gerade leichter, bewusst und selbstbestimmt mit dem Thema Essen umzugehen. Und auch Essstörungen wie Magersucht oder Bulimie sind in unserer Gesellschaft leider bekannte Phänomene.

BEISPIELE FÜR ACHTLOSES ESSEN:

- ➔ ZU SCHNELL ESSEN
- ➔ NEBENBEI ESSEN
- ➔ ESSEN, OHNE DEN GESCHMACK ODER DUFT DER SPEISEN RICHTIG WAHRZUNEHMEN
- ➔ WEITER ESSEN, AUCH WENN MAN BEREITS SATT IST
- ➔ AUFHÖREN ZU ESSEN, OBWOHL MAN NOCH NICHT SATT IST

Achtsames Essen kennt keine Zwänge und festen Regeln. Hier geht es stattdessen darum, entspannt sowie genussvoll zu speisen und dabei die eigenen Körpersignale und Empfindungen wahrzunehmen.

> DIE GEGENWART IST DIE EINZIGE ZEIT, DIE UNS WIRKLICH GEHÖRT.
>
> *Blaise Pascal*

LINSENSALAT
mit Hanfsamen

Für 4 Portionen • Zubereitungszeit: ca. 20 Minuten plus Garzeit

Zutaten

120 g schwarze Linsen
400 ml Gemüsebrühe
60 g gemischte Nüsse (Haselnüsse, Walnüsse,
   Cashewkerne, Paranüsse oder andere)
1 mittelgroße Birne
2 kleine Karotten
2 kleine Schalotten
Saft und geriebene Schale
   von 1 unbehandelten Zitrone
4 El Hanföl
2 El Weinessig
schwarzer Pfeffer
1 Prise Salz
3–5 El Hanfsamen
Petersilie für die Dekoration

Gönn' dir etwas Gutes und koche für dich – ganz in Ruhe und entspannt, ohne großen Aufwand. Dazu lässt du die Linsen in der Gemüsebrühe zugedeckt bei milder Hitze ca. 15 Minuten einfach vor sich hin köcheln. Sobald sie bissfest sind, lässt du sie in einem Sieb abtropfen.

Nüsse versorgen dich mit wertvollen Nähr- und Vitalstoffen – welches sind deine Lieblingsnüsse? Wähle ganz nach deinem Geschmack aus! Die

Nüsse röstest du in einer Pfanne ohne Fett an: Genieße den intensiv nussigen Duft, der sich nun in der Küche ausbreitet. Lasse die Nüsse ein wenig abkühlen und hacke sie dann.

Die aromatische Birne schälst du und schneidest sie in Scheiben – Naschen erlaubt, mmh, lecker! Die Karotten putzt du und schneidest sie in dünne Streifen. Dann schälst du die Schalotten und würfelst sie fein. In einer Schüssel verrührst du den Zitronensaft, 1 Teelöffel Zitronenschale, Hanföl und Essig. Hanföl zählt übrigens dank des optimalen Verhältnisses der Omega-3- und Omega-6-Fettsäuren darin zu den besten Speiseölen. Schau, von welch feinem grün-goldenen Farbton das Öl ist.

Die warmen Linsen mischst du mit den Schalotten, Birnen und Karotten, würze alles, wie du es magst und hebe die frische Vinaigrette unter. Vor dem Servieren streust du das Nusstopping und die Hanfsamen über den lauwarmen Salat und dekorierst dein persönliches Festessen mit frischer Petersilie.

Den Tisch hast du einladend mit deinem Lieblingsgeschirr und hübschen Servietten gedeckt. Nimm Platz, nimm dir Zeit, erfreue dich an deinem Gericht und an diesem erholsamen Moment.

MEIN ESSEN UND ICH — EIN SELBSTPORTRÄT

Diese Seiten gehören dir! Hier kannst du dich selbst porträtieren: Welcher Typ bist du – ein Stress-Esser oder ein Genuss-Esser? Was bedeutet Essen für dich? Nimm dir etwas Zeit für die folgenden Fragen und beobachte dich selbst. Isst du schnell oder langsam? Lässt du dich beim Essen leicht von anderen Dingen ablenken? Hast du das Gefühl, oft zu viel oder zu wenig zu essen? Gibt es Speisen, die du gar nicht magst? Welchen Speisen kannst du nur schwer widerstehen? Was fällt dir noch zu deiner Haltung zum Essen ein?

HUNGER & APPETIT –
beides gehört zum Essen

Essen ist nicht nur Nahrungsaufnahme. Wenn es so wäre, könnten wir auch einfach nur Speisen in Form von Pulver oder Tabletten zu uns nehmen. Neben dem Magen sitzen auch die Zunge, die Nase, die Augen und unsere Seele mit am Tisch. Wir kaufen gerne Zutaten, die wir besonders mögen, kochen gerne unsere Lieblingsgerichte oder verwöhnen uns und unsere Lieben mit raffinierten neuen Rezeptideen. Bei manchen Gerichten läuft uns schon vorab buchstäblich das Wasser im Mund zusammen, und wir können es kaum erwarten, sie zu kosten. Neben den eigentlichen Hunger nach Nahrung, der sich zum Beispiel durch einen knurrenden Magen bemerkbar macht, tritt dann der Appetit, also das lustvolle Verlangen nach einer als köstlich empfundenen Speise.

Während Hunger eindeutig körperlich spürbar ist, hat Appetit immer auch eine emotionale Komponente. Also ist Essen immer auch mit Gefühlen verbunden. Bereits der Säugling kann beim Stillen nicht nur seinen Hunger befriedigen, sondern erlebt gleichzeitig einen Zustand der emotionalen Wärme und Geborgenheit. Ein gemeinsames Dinieren gehört zu jeder Familienfeier und zu jedem festlichen Anlass dazu. Essen kann dich entspannen, trösten, belohnen und vieles mehr. Genieße diese emotionalen Möglichkeiten des Essens, solange sie deinem Körper und deiner Psyche wirklich guttun.

Kleine Übung

Beobachte dich nicht nur während des Essens, sondern auch danach einmal genauer: Was empfindest du? Geht es dir und deinem Körper gut? Bist du entspannt und zufrieden? Fühlst du dich rundum wohl, hast du sicherlich achtsam und bewusst gegessen.

ESSEN ALS SEELENTRÖSTER?
» LIEBER NICHT! «

Manchmal neigen wir allerdings auch dazu, unangenehme Gefühle und Stimmungen ausschließlich über Essen bewältigen zu wollen. Die Nahrungsaufnahme soll dann negative Empfindungen kompensieren und betäuben. Das führt häufig zum „emotionalen Überessen", das eben nicht in Wohlgefühl mündet, sondern eher in Ärger, Scham und Unzufriedenheit. Du ärgerst dich über dein eigenes Essverhalten, schämst dich, dass du wieder viel mehr als zum Sattwerden nötig gegessen hast, und bist unzufrieden mit dir und deinem Aussehen. Das Essen verschafft dir zwar zunächst Ablenkung und Entspannung, aber eben nur kurzfristig, und die danach auftauchenden negativen Empfindungen und Schuldgefühle wirken umso heftiger. Essen kann auf Dauer also nicht helfen, innere Konflikte zu lösen. Dazu sind andere Bewältigungsstrategien nötig.

FINDEST DU DICH IN DEN FOLGENDEN AUSSAGEN WIEDER? DANN IST EMOTIONALES ÜBERESSEN VIELLEICHT AUCH FÜR DICH EIN ASPEKT, DEN DU GENAUER BETRACHTEN SOLLTEST.

⊕ ICH ESSE, UM MICH ZU BELOHNEN. .... ◯

⊕ ICH ESSE, UM MICH VON LÄSTIGEN AUFGABEN ABZULENKEN. .... ◯

⊕ ICH ESSE, UM MICH ZU BERUHIGEN UND ZU ENTSPANNEN. .... ◯

⊕ ICH ESSE AUS LANGEWEILE. .... ◯

⊕ ICH ESSE IN STRESSIGEN SITUATIONEN. .... ◯

⊕ ICH ESSE, WENN ICH TRAURIG BIN. .... ◯

⊕ NACH DEM ESSEN FÜHLE ICH MICH OFT SEHR VOLLGESTOPFT. .... ◯

⊕ NACH DEM ESSEN MACHE ICH MIR OFT VORWÜRFE, DASS ICH VIEL ZU VIEL GEGESSEN HABE. .... ◯

KNOBLAUCH-GARNELEN
aus dem Backofen

Für 4 Portionen • Zubereitungszeit: ca. 10 Minuten plus Garzeit

ZUTATEN

- 5 Knoblauchzehen
- 1/2 Bund glatte Petersilie
- 24 große geschälte und entdarmte Garnelen
- 3 El Olivenöl
- 1 getrocknete rote Chilischote
- 100 ml Gemüsebrühe

Dieses kleine Gericht ist raffiniert, köstlich und doch ganz schnell gemacht! Zunächst heizt du den Backofen auf 200 °C vor. Dann schälst du die Knoblauchzehen und hackst sie fein, damit sich ihr unverkennbares Aroma später gut verteilt. Nimm jetzt die duftende Petersilie zur Hand, wasche sie, schüttele sie trocken und schneide die Blättchen fein. Auch die Garnelen solltest du vor der Zubereitung gut waschen und danach abtropfen lassen.

In einer großen Pfanne erhitzt du das Öl und schwitzt den Knoblauch darin an. Jetzt kommt etwas Schärfe dazu: Zerbrösele die Chilischote und gib sie mit der Petersilie zum Knoblauch. Du lässt die Zutaten unter Rühren 2 Minuten garen, fügst dann die Garnelen und die Gemüsebrühe zu. Fülle das Ganze in eine feuerfeste Form, die du für etwa 15 Minuten in den Backofen stellst. Genieße den appetitanregenden Duft, der sich während des Garens in der Küche verbreitet!

Zum Servieren steckst du in jede Garnele ein Holzspießchen und reichst knuspriges Weißbrot dazu.

HIRSE-VANILLE-CREME
mit zimtigem Kirschkompott

Für 4 Portionen • Zubereitungszeit: ca. 15 Minuten plus Kochzeit, Zeit zum Abkühlen und Kühlzeit

ZUTATEN

Für die Hirse-Vanille-Creme:
150 g Hirse
1 Vanilleschote
450 ml Milch
1 Prise Salz
5 El Agavendicksaft
150 ml Sahne

Für das Kirschkompott:
400 g TK-Kirschen
Saft von 1 Orange
1/2 Tl Zimtpulver
4 El Agavendicksaft

Für diese herrliche Creme brauchst du ein bisschen Vorbereitungszeit, die sich aber auf jeden Fall lohnt. Zunächst spülst du die Hirse in einem Sieb unter fließendem Wasser ab. Ist sie gut abgetropft, gibst du sie in einen Topf. Das köstliche Vanillearoma liefert die Vanilleschote: Schneide sie längs auf und schabe das Mark heraus. Du gibst das Mark, die Schote, die Milch, das Salz und den Agavendicksaft zu der Hirse und lässt das Ganze einmal aufkochen. Jetzt muss die Mischung bei milder Hitze zugedeckt etwa 20 Minuten köcheln. Dabei solltest du ab und zu rühren. Ist die Creme fertig, muss sie zunächst abkühlen und dann für 1 Stunde kalt gestellt werden.

Für das Kirschkompott kochst du die Kirschen, den Orangensaft, den Zimt und den Agavendicksaft in einem Topf auf. Dann reduzierst du die Temperatur und lässt das Kompott ohne Deckel so lange köcheln, bis der ausgetretene Kirschsaft zur Hälfte eingekocht ist. Zum Schluss schlägst du noch die Sahne steif und hebst sie vorsichtig unter die gut gekühlte Hirse.

Zum Servieren richtest du die Süßspeise am besten in Gläsern an, denn sie ist auch optisch eine Wucht: Zunächst verteilst du die Hälfte der Kirschen, dann die Hirsecreme und zum Schluss noch einmal das übrige Kirschkompott.

DAS VERLANGEN
wahrnehmen

Achtsamkeit und achtsames Essen können dich dabei unterstützen, gegen das emotionale Überessen anzugehen und die damit meist verbundenen negativen Gefühle in positive zu verwandeln. Statt dich selbst zu kritisieren oder dir selbst Verbote aufzuerlegen, sollst du dir und deinem Essverhalten liebevolle Aufmerksamkeit entgegenbringen.

**Schau bei deiner nächsten Heißhungerattacke einmal genauer hin:
Was passiert da mit dir und deinem Körper?**

1. Spürst du ein unbändiges Verlangen nach Essen und rät dir vielleicht eine charmante innere Stimme, jetzt gleich ganz schnell nach dem Stück Sahnetorte oder dem knackigen Mettwürstchen zu greifen, halte kurz inne. Beruhige deinen Atem und spüre, wie er durch deinen Körper fließt.

2. Betrachte nun dich selbst und dein Bedürfnis nach Essen wie ein außenstehender Beobachter. Du sollst dabei bewusst wahrnehmen, aber nicht werten und beurteilen. An welcher Stelle deines Körpers ist dein Verlangen besonders spürbar? Vielleicht im Bauch oder in deiner Brust? Wie fühlt es sich an? Ist es ein Brennen und Stechen oder eher ein Pochen?

3. Atme tief und gleichmäßig und verfolge deine Körperempfindungen für eine Weile weiter. Vielleicht spürst du, dass sie mal stärker und mal schwächer werden – wie eine Schaukel, die hin und her schwingt. Oder dass sie in wechselnden Körperregionen spürbar sind.

4. Lerne auf diese Weise dein Verlangen als wellenförmiges Gefühl kennen: Es kommt langsam, bauscht sich zu einem hohen Berg auf und zieht sich dann wieder langsam zurück.

Sei gut zu dir!

Nimmst du negative und dich belastende Gefühle bei dir wahr, gib dir und deinem Körper ein bisschen Zeit. Stell dir vor, deine beste Freundin würde vor dir stehen und dir ihr Herz ausschütten. Du nimmst Anteil, zeigst Mitgefühl und Verständnis, spendest Trost und gibst Unterstützung und Motivation.

1 Strecke dich auf dem Bett, auf dem Sofa oder gut gepolstert auf dem Boden aus. Komm zur Ruhe und atme tief und gleichmäßig.

2 Spüre in deinen Körper hinein: Wo macht sich das negative Gefühl bemerkbar? Und wie erscheint es? Als Stechen oder Pochen?

3 Gib dir selbst eine Streicheleinheit. Schenke dir eine sanfte Umarmung oder berühre dich dort, wo es für dich angenehm und tröstend ist.

4 Bestärke dich selbst durch eine wohlwollende Botschaft wie „sorge gut für dich" oder „ich mag dich so wie du bist".

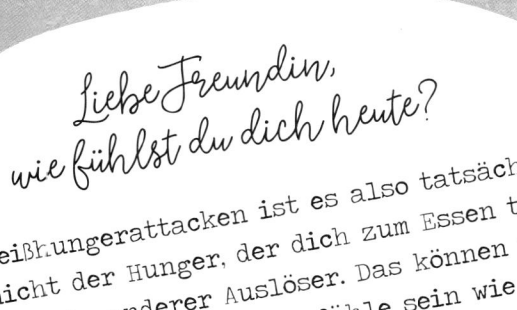

Liebe Freundin, wie fühlst du dich heute?

Bei Heißhungerattacken ist es also tatsächlich gar nicht der Hunger, der dich zum Essen treibt, sondern ein anderer Auslöser. Das können in der Regel eher unangenehme Gefühle sein wie Angst, Trauer oder Wut oder Gedanken wie „ich bin unfähig", „ich fühle mich überfordert", „ich bin einsam". Auch bestimmte, eher als unangenehm empfundene Situationen können Essgelüste auslösen. Kannst du erkennen, welche Stimmungslagen bei dir persönlich ein heftiges Verlangen nach Essen hervorrufen?

WIE HUNGRIG BIST DU WIRKLICH?

Der Magen knurrt, und im Bauch breitet sich ein flaues Gefühl aus - der Körper signalisiert: Ich habe Hunger und brauche Nahrung. Der Hungerreiz stellt also sicher, dass der Organismus ausreichend mit Nährstoffen und Energie versorgt wird. Am anderen Ende des Hungergefühls steht die Sättigung. Beide Körperempfindungen präsentieren sich in unterschiedlichen Graden, und oftmals fällt es uns schwer, wirklich zu spüren, wie satt oder hungrig wir gerade sind.

VERSPÜRST DU DAS NÄCHSTE MAL HUNGER, KÖNNTEST DU DICH FRAGEN, AN WELCHEM PUNKT DER SKALA DU DICH GERADE BEFINDEST:

Du hast ein „Loch im Bauch", dir ist unter Umständen ein wenig übel, du bist schwach, vielleicht auch etwas zitterig. Deine Laune ist schlecht, du bist gereizt ➋ **Riesenhunger, du musst unbedingt etwas essen!**

Du spürst ein Grummeln im Bauch, denkst dauernd ans Essen und möchtest dir unbedingt einen Bissen in den Mund schieben. Deine letzte Mahlzeit liegt mehr als vier Stunden zurück ➋ **du bist sehr hungrig und solltest eine komplette Mahlzeit zu dir nehmen!**

Du denkst gelegentlich an Essen, hast Appetit, aber keinen Heißhunger ➋ **du bist etwas hungrig, eine Kleinigkeit genügt dir aber!**

SATT ZU SEIN IST EIN SCHÖNES BEFRIEDIGENDES GEFÜHL. ALLERDINGS FÄLLT ES UNS AUCH HIER NICHT LEICHT HERAUSZUFINDEN, WANN WIR TATSÄCHLICH SATT SIND:

Du hast eine Kleinigkeit gegessen, könntest aber noch ein oder zwei weitere Happen vertragen ➋ **du bist noch nicht ganz satt!**

Du spürst kein Hungergefühl mehr, bist zufrieden und fühlst dich wohl ➋ **du bist angenehm satt!**

Du hast einen spürbar vollen Magen und bist müde und erschöpft ➋ **du hast mehr gegessen als nötig war!**

Dein Bauch und Magen sind wie aufgebläht, und du hast das Gefühl, gleich zu platzen, du fühlst dich unwohl ➋ **du hast viel zu viel gegessen!**

Kleine Übung

VERSUCHE, BEI EINER DEINER NÄCHSTEN MAHLZEITEN EINMAL GENAU ZU SPÜREN, WANN BEI DIR DIE SÄTTIGUNG EINTRITT. WAS BEDEUTET SATT SEIN FÜR DICH? WIE MÖCHTEST DU DICH FÜHLEN, WENN DU SATT BIST? WELCHEN ZUSTAND DES SATTSEINS EMPFINDEST DU FÜR DICH ALS ANGENEHM?

Oft essen wir viel zu hastig zu große Mengen, sodass der Körper nicht mehr rechtzeitig signalisieren kann „hallo, jetzt bin ich satt!". Vielleicht hilft da ein kleiner Trick:

Teile deine Mahlzeit in mehrere Portionen ein und iss langsam. Spüre nach jeder Portion in deinen Körper hinein: An welchem Punkt der Skala befindest du dich? Bist du angenehm satt oder noch etwas hungrig? Oder hast du etwa schon zu viel gegessen?

Avocado-Taboulé
mit Granatapfelkernen

Für 4 Portionen • Zubereitungszeit: ca. 30 Minuten plus Zeit zum Ziehen

ZUTATEN

250 g Couscous
300 ml kochende Gemüsebrühe
1 El Butter
1 großes Bund glatte Petersilie
1/2 Bund Minze
4 Zweige Dill
1 Salatgurke
1 Granatapfel
1 rote Chilischote
1 Avocado
Saft von 3 Zitronen
6 El Olivenöl
Salz
Pfeffer

GEGEN DEN KLEINEN HUNGER!

Grundlage dieses Rezepts ist köstlich-sättigender Couscous: Fülle die feinen Körner in eine große Schüssel und übergieße sie mit der Gemüsebrühe. Lass das Getreide abgedeckt 3 Minuten ziehen, bevor du die Butter dazugibst. Beobachte, wie sie langsam schmilzt und dabei ihre Cremigkeit an den Couscous abgibt. Jetzt kannst du alles mit einer Gabel sorgsam verrühren und zum Abkühlen beiseitestellen.

Wasche die Kräuter und schüttele sie danach gut trocken. Beim Feinhacken der Blättchen kannst du ihren intensiven Duft wahrnehmen. Putze nun die Gurke, halbiere sie längs und schabe die Kerne vorsichtig mit einem Löffel heraus. Ist die Gurke entkernt, schneidest du sie in kleine Würfel. Nimm nun den leuchtend roten Granatapfel in die Hand. Teile ihn mit einem scharfen Messer in Viertel und löse die Kerne heraus. Für den kleinen Schärfekick putzt du die Chilischote und hackst sie sehr fein. Am besten entfernst du dabei auch die Kerne, denn die sind besonders scharf! Zum Schluss halbierst du die Avocado, löst ihren Stein heraus, entfernst die Schale und würfelst das weiche Fruchtfleisch. Vermische nun alle Zutaten mit dem Couscous zu einer bunten Taboulé.

Zum pikanten Würzen gibst du Zitronensaft, Olivenöl, Salz und Pfeffer hinzu und lässt das Ganze bis zum Servieren abgedeckt 30 Minuten ziehen, damit sich das Aroma gut entfalten kann.

Als Baum oder Strauch wird der Granatapfel im Nahen Osten und im Mittelmeerraum bereits seit Jahrtausenden kultiviert.

GRANATAPFEL
paradiesisch lecker und gesund

Die Schale der kugeligen Frucht ist anfangs grün, später leuchtend rot.

Die von saftigem Fruchtfleisch überzogenen Kerne sind im Inneren wie kleine rote Edelsteine dicht aneinandergereiht.

Der „Paradiesapfel" ist reich an Vitaminen sowie Mineralien und liefert für unseren Körper wichtige Antioxidantien.

Einfach mal LOSLASSEN!

DER ALLTAG MIT ALL SEINEN PFLICHTEN UND „LIEB-GEWORDENEN" GEWOHNHEITEN HAT UNS FEST IM GRIFF. DURCH DIE PRÄGUNG IN KINDHEIT UND JUGEND, DURCH KONVENTIONEN UND DURCH VON ANDEREN ODER UNS SELBST AUFERLEGTE REGELN SIND WIR IN VERMEINTLICH FESTE ABLÄUFE EINGEBUNDEN.

Das betrifft auch das Essen: „Morgens trinke ich immer eine Tasse Kaffee" (auch wenn sie mir nicht bekommt). „Mittag gegessen wird immer um Punkt zwölf" (auch wenn der Zeitpunkt für mich ungünstig ist oder wenn ich dann gar keinen Hunger habe). Automatismen und Routine sind zunächst einmal bequem: Wir denken nicht nach, ob oder was wir jetzt tatsächlich essen und trinken wollen, wir tun einfach unreflektiert, was wir immer tun. Das wiegt uns für den Moment in der Sicherheit geregelter Vorgänge, auch wenn uns der Kaffee sauer aufstößt und das hastig eingenommene Mittagessen immer wieder ein unangenehmes Völlegefühl verursacht – das nehmen wir in Kauf, bloß keine Änderungen! Das sind im wahrsten Sinne faule Ausreden: So essen wir nicht, worauf wir Appetit haben, wir genießen nicht, und das Essen bekommt uns oft nicht.

Was aber würde passieren, wenn wir unsere täglichen Verhaltensweisen bei Mahlzeiten ehrlich auf den Prüfstand stellten, uns mit uns selbst befassten und nicht nach eingefahrenen Mustern handelten? Bekömmlichen Tee oder einfach nichts trinken, zu Mittag essen, wann und worauf wir wirklich hungrig wären? Nicht mehr und nicht weniger, als dass wir wieder Freude am Duft und Geschmack der Zutaten empfänden, als dass wir unsere Bedürfnisse auf befriedigende Weise stillten und uns wohlfühlten. Essen nimmt einen großen – und wichtigen – Teil des Lebens ein, es sollte eine angenehme Erfahrung sein und Freude an persönlichen Genussmomenten schenken.

ERSTE SCHRITTE – FINDE DICH NEU

✹ Lass dich auf einen Versuch ein und brich mit Konventionen. Unternimm einen Gedankenspaziergang durch deinen ganz normalen Tageslauf und filtere heraus: Wann, wo und was esse ich gern, worauf habe ich wirklich Lust? Wann habe ich tatsächlich Hunger, und was hat mir im Nachhinein betrachtet wirklich gutgetan? Vergiss alles andere. Du bestimmst ab jetzt für dich.

✹ Lass Mahlzeiten weg oder wähle den Zeitpunkt frei: Iss nichts, wenn dir danach ist. Iss, wenn du wirklich Hunger hast. Iss zu Zeiten, die dir behagen.

✹ Wähle für dich: Worauf habe ich Lust und Appetit, auch wenn Familie, Freunde und Kollegen sich über diese Mahlzeit zu dieser Tageszeit wundern. Du musst im Restaurant nicht auch das nehmen, was die anderen bestellen.

✹ Iss allein oder in Gesellschaft – ganz so, wie es dir im Moment lieb ist. Niemand zwingt dich, jeden Tag mit den Kollegen zu essen.

✹ Such dir deinen Platz: Die Kantine ist dir zu laut, zu hektisch? Geh im Sommer nach draußen. Wähle im Restaurant deinen Wunschplatz und sage, wo und wie du sitzen willst.

✹ Schau beim Essen nicht auf die Uhr! Nimm dir Zeit, entschleunige. Bleibe gelassen, auch in der Mittagspause – du brauchst nicht länger als sonst.

✹ Betrachte, rieche, spüre, schmecke alle Bestandteile der Mahlzeit intensiv. Es gibt kein „Das tut man nicht". Iss mit den Fingern, wenn du Lust dazu hast.

✹ Du musst nicht aufessen. Bitte um eine kleine Portion oder lass etwas übrig. Die Gelegenheit zu diesem Gericht, zu dieser Zutat kommt wieder, du verpasst nichts!

✹ Morgen schmeckt dir etwas anderes. Du bist frei.

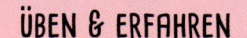

Eine Rosine essen

Werde wieder zum Kind und erlebe die Rosine, als hättest du noch nie eine Rosine gefühlt, gesehen oder probiert. Erinnere dich, wie vorsichtig und intensiv du als Kind Neues probiert hast!

Setze dich bequem an einen ruhigen Platz, an dem du dich wohlfühlst. Sammle dich und schließe die Augen – du hast Zeit. Nimm die Rosine zwischen zwei Finger und fühle ihre Textur: Sie hat harte, raue Schrunden, ist etwas klebrig, doch wenn du vorsichtig darauf drückst, fühlt sie sich zugleich weich an. Reibe die Rosine ein wenig und schnuppere daran – was riechst du? Woran erinnert dich der Duft? Nun lege die Rosine zwischen deine Lippen: Wie fühlt sich das an? Lasse die Rosine in deinen Mund gleiten und kurz dort verharren. Spüre, was passiert: Was schmeckst du und wo genau schmeckst du etwas? Welche Aromen findest du? Wie entwickelt sich der Geschmack, wird er intensiver oder eher nicht? Bewege die Rosine nun hin und her und registriere, wie sie ihre Konsistenz verändert, womit füllt sich dein Mund? Sauge an der Rosine. Nun beißt du zu und spürst den unterschiedlichen Texturen nach – entdecke ein ganzes Spektrum! Zum Schluss kaust du die Rosine langsam und konzentriert: Erlebe und genieße alle Aromen von körnig-süßem Fruchtfleisch bis zur fast malzig schmeckenden Haut der Rosine! Welcher Geschmack bleibt nach dem Hinunterschlucken?

Eine Weintraube essen

Die gleiche Frucht, ein anderes Erlebnis! Führe die Übung mit einer grünen, einer roten, einer knackig-frischen und einer reifen Weintraube ohne Kerne durch. Welchen Geschmack magst du am liebsten?

Nimm die frische, pralle Weintraube in der Farbe deiner Wahl in die Handfläche und spüre ihr Gewicht. Dann sieh, wie ebenmäßig glatt ihre Haut ist und wie viele Farbschattierungen die durchscheinende Haut und das Fruchtfleisch darunter aufweisen. Schließe die Augen und fahre vorsichtig mit der Zunge über die Traube, spüre ihre kühle Glätte und versuche dir dabei vorzustellen, was sich darunter verbirgt – läuft dir das Wasser im Mund zusammen? Nimm die Traube in den Mund, verharre und spüre, wie sich die Temperatur verändert. Beiße fest zu und genieße, wie sich beim Platzen der Haut der Saft in deinen Mund ergießt – wonach schmeckt er vorn im Mund, an den Seiten und hinten am Gaumen? Wie breitet sich der Geschmack aus? Welche Jahreszeit, welche Situation fallen dir nun spontan ein? Widme dich dem Fruchtfleisch: Welche Texturen kannst du ertasten? Hast du Lust, das Fruchtfleisch noch ein wenig im Mund hin und her zu bewegen oder es zu kauen? Spüre nach dem Hinunterschlucken dem Geschmack eine Weile nach: Wie lange bleibt er?

DIE WIRKLICHE ENTDECKUNGSREISE BESTEHT NICHT DARIN, NEUE LANDSCHAFTEN ZU ERFORSCHEN, SONDERN DARIN, ALTES MIT NEUEN AUGEN ZU SEHEN!

Marcel Proust

DER GESCHMACK VON GLÜCK & GEBORGENHEIT

Mmmh, war das lecker!

Wir alle haben ein Gericht, das uns intensiv an einen besonders glücklichen, an einen heimeligen oder tröstlichen Wohlfühlmoment erinnert – Marcel Proust genügte eine Madeleine, um einen solchen Moment wieder zu erleben. Vielleicht lag der Moment bei dir in der behüteten Kindheit, beim Kochen mit lieben Freunden oder beim Picknick am sonnigen Traumstrand? Oder denkst du dabei an eine Person, bei der du dich gut aufgehoben fühltest, die dich in einer gemütlichen, warmen Küche umsorgt und die dich geliebt hat – und die es dich mit der Zubereitung eines besonderen Gerichts hat spüren lassen?

Dieses „Glücksgericht" schmeckte unvergleichlich, einzigartig gut – vielleicht, weil da jemand ein gutes Händchen für die Zubereitung hatte oder die aromatischen Gewürze darin kenntnisreich ausgewählt hat; bestimmt, weil dieses Gericht mit einer großen Portion Liebe zubereitet wurde. Du spürtest: Da kümmert sich jemand um mich, da will mir jemand etwas Gutes tun. Der Duft gewisser Zutaten, der in sich harmonische Geschmack lassen die Erinnerung an Momente wach werden, in denen du dich rundum geborgen fühltest: Den sahnig-cremigen Nachtisch oder das knusprig-frische Gebäck hast du vom ersten Löffel oder Bissen bis zum letzten Krümel bewusst ausgekostet und intensiv genossen. Diese Zeit gehörte ganz dir und der Köstlichkeit, von der du heute noch jede Geschmacksnuance beschreiben und nachspüren kannst. Wo auch immer du das Gericht genießt, werden positive Erinnerungen wach. Sei gut zu dir selbst und lasse diese unbeschwerten Genussmomente wiederaufleben – du kannst das Gericht selbst zubereiten und dich selbst verwöhnen. Es liegt in deiner Hand!

30

MILCHREIS
mit Rhabarber

Für 4 Portionen
Zubereitungszeit: ca. 10 Minuten plus Garzeit

ZUTATEN

1 l Milch
250 g Milchreis
1 Zimtstange
80 g Zucker (oder wie süß du den Reis magst)
20 g Butter (plus etwas Butter für den Reis –
    nach Omas „Geheimrezept", sie macht den
    Reis besonders cremig)
400 g Rhabarber
100 ml Rhabarbersaft

Nur Oma konnte Milchreis so lecker zubereiten!
Der polierte feine weiße Rundkornreis fühlt
sich angenehm trocken an, wenn du ihn leise
rieselnd von einer Hand in die andere gleiten
lässt. Reibe an der Zimtstange: Die ätherischen Öle im Zimt regen den Appetit an –
läuft dir das Wasser im Mund zusammen?

Erhitze die Milch mit den Reiskörnern und
der Zimtstange bei mittlerer Temperatur. Bringe alles gerade eben unter Rühren und Zugabe
der Hälfte des Zuckers zum Kochen. Schnuppere
Milch, Zucker und Zimt – es duftet ein bisschen
weihnachtlich. Nun lass den Reis leise köchelnd
30–35 Minuten quellen, rühre hin und wieder um
und beobachte dabei, wie die Stärke im Reis ihn
andicken und fein-cremig werden lässt.

Nimm die Zimtstange heraus, dann setz dich hin
und koste: Es schmeckt warm und vertraut, mild-
süß. Wie reagiert dein Körper darauf – was empfindest du als angenehm dabei? Werden Erinnerungen
wach? Die Reiskörner sind in weiche Milchcreme
gebettet, haben aber noch einen beinahe knackigen Kern. Fülle den noch warmen Reis in hübsche
Schälchen – nimm die Schälchen in deine Hände
und spüre die Wärme.

Den frischen Rhabarber putzt du und schneidest
ihn in 1 cm lange Stücke. Die Butter erhitzt du in
einer Pfanne, dann brätst du die Rhabarberstücke
4–5 Minuten darin an. Den restlichen Zucker und
den Rhabarbersaft rührst du ein – die Flüssigkeit soll
unter Rühren komplett einkochen, bis ein sämiges
Kompott entsteht. Sei ganz bei dir und lass die Welt
draußen: Spüre die meditative Wirkung des gleichmäßigen Rührens.

Den Milchreis richtest du direkt
mit dem Kompott an oder
servierst ihn dazu.

TIPP:
Der Reis schmeckt
besonders aromatisch,
wenn du ihn noch warm
mit Zimtzucker bestreust:
Der Zucker bildet so
eine süß-knusprige
Kruste.

MEINE LIEBLINGSGERICHTE

Diese Seite gehört dir!
Hier kannst du deine Lieblingsgerichte aufschreiben und, wenn du
magst, auch, warum es deine Lieblingsgerichte sind – was schmeckt
so gut daran, woran denkst
du dabei?

MELONEN-GURKEN-SALAT
mit Limettendressing

Für 4 Portionen • Zubereitungszeit: ca. 15 Minuten

Geht es dir nicht auch so? Der simple Salat im Urlaub war ein kulinarisches Highlight und so reich an Geschmack, wie du es zu Hause noch nie wahrgenommen hast. Da haben wohl die frischen, sonnenverwöhnten Zutaten und das Losgelöstsein vom Alltag ordentlich zum Geschmackserlebnis beigetragen! In anderer, sonniger Umgebung erfährt man zudem selbstverständliche Dinge neu, man nimmt sie positiver und bewusster wahr. Hol dir das Urlaubsfeeling auf den Teller und ins Glas: Mit besten Zutaten vom Markt oder Bioladen (siehe auch Kapitel „Einkaufen" Seite 70 ff.) und in einer hellen, freundlichen Wohlfühl-Umgebung daheim schmeckt es (fast) so gut wie letzten Sommer am Meer. Loslassen musst du selber – dabei hilft dir zum Beispiel die Entspannungsübung auf Seite 89.

Wenn du ganze Melonen verwendest, nimm die glatten, leicht süß duftenden Früchte in die Hand und spüre ihr Gewicht – das alles verheißt eine saftige Erfrischung! Schäle, entkerne und würfele die Melonen. Dann wäschst du die Gurken, halbierst, entkernst und würfelst sie. In einer Schüssel vermengst du die farbenfrohen Zutaten.

Für die Salatsauce mischst du den Limettensaft mit dem Leinöl und gibst die Sauce direkt vor dem Verzehr über den Salat.

ZUTATEN

- 400 g Honigmelone
- 400 g Galiamelone
- 400 g Wassermelone
- 1–2 Salatgurken
- 2 El Limettensaft
- 1 El Leinöl

TIPP:
Gib dir den Sommer-Sonnen-Frischekick und mische 1 Esslöffel gehackte Minze unter deinen Salat.

ERWEITERE DEINEN
Esshorizont

Empfindest du Kochroutine als meditativ-
beruhigend und freust dich dabei auf das Ergebnis?
Das ist gut. Kochen als Last zu sehen und immer das Gleiche
zu essen aber macht uns achtlos. Wir haben Erwartungen, und
unsere Sinne antizipieren den bekannten Geschmack, wir lassen uns
ablenken, und das kulinarische Erlebnis ist begrenzt. So verstellen wir uns
den Genuss des Bekannten und die Entdeckung neuer Eindrücke.

Werde zum Genussforscher! Wähle ein dir unbekanntes Obst oder Gemüse, das dich spontan anspricht – macht dich die Farbe neugierig, reizt dich die Form? Nimm dir vor, jede Woche mindestens ein neues Produkt auszuprobieren. Gehe auf einem Markt, auf dem du sonst nicht einkaufst, auf Entdeckungstour. Die Begegnung mit Neuem regt den Geist an, sie macht ihn wach für Sinneswahrnehmungen im gegenwärtigen Moment. Betrachte, fühle, wiege, rieche eine unbekannte Frucht, wende dich ihr ganz zu. Verarbeite sie sorgfältig, nasche immer wieder – lass dich überraschen. Gib dich genüsslich den neuen Erfahrungen hin und dies vor allem bei den ersten Bissen, denn beim weiteren Essen nimmt der Eindruck ab. Lass die Frucht in Dialog mit deinem Körper treten und beobachte, wie du reagierst. Die kleine Tour schärft deine Sinne und verschafft neue Geschmackserlebnisse – so werden Verkosten und Kochen wieder als mit Freude erfüllend empfunden. Das klappt auch mit ungewöhnlichen Gewürzkombinationen, Wildkräutern und -beeren oder der kreativen Zubereitung eines vertrauten Produkts. So lernst du, dich auch auf Vertrautes wieder bewusst einzulassen und seine Qualitäten wahrzunehmen.

WIR BRAUCHEN DEN APPETIT DER NEUGIER, UM IN DEN GENUSS NEUER ENTDECKUNGEN ZU KOMMEN.

Ernst Ferstl

Spinat-Pistazien-Torte

Für ca. 16 Stücke (1 Springform von 26 cm Ø)
Zubereitungszeit: ca. 40 Minuten plus Zeit zum Auftauen, Backen, Abkühlen und Kühlstellen

Zutaten

Für den Teig:
5 Eier, getrennt
Salz
125 g Zucker
100 g Mehl
25 g Speisestärke
1 Tl Weinsteinbackpulver
100 g gemahlene Pistazien
125 g TK-Spinat, aufgetaut
   und ausgedrückt

Für die Orangensahne:
7 unbehandelte Orangen
1 unbehandelte Zitrone
175 g Zucker
6 Blatt weiße Gelatine
500 ml Sahne

Außerdem:
Butter und Mehl für die Form
Sahne und gehackte Pistazien zum Verzieren

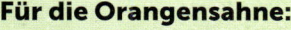

Mehl, Stärke und Backpulver siebst du auf die Eicreme, gib die Pistazien zu. Alles mit dem Spinat verrühren, den Eischnee in zwei Portionen unterheben. Fülle den Teig in die Form und backe ihn auf mittlerer Schiene ca. 30 Minuten. Du wirst staunen: Der Kuchen ist schön grün! Kurz in der Form ruhen lassen, herauslösen und abkühlen lassen.

Reibe die Schale von 1 Orange und der Zitrone ab und presse alle Früchte aus. Koche den Saft mit dem Zucker bei starker Hitze sirupartig ein, dann vom Herd nehmen. Die Gelatine weichst du nach Angabe ein und schlägst die Sahne steif. Löse die Gelatine im Sirup auf und hebe 3 Esslöffel Schlagsahne unter. Die Mischung und die Zitrusschalen hebst du unter die restliche Schlagsahne – auf den Kuchen streichen und für 2 Stunden kalt stellen.

Er ist grün, süß und ein bunter Hingucker – der Kuchen aus Spinat! Heize den Backofen auf 180 °C vor, fette und bestäube eine Springform. Schlage das Eiweiß mit 1 Prise Salz, dann mit der Hälfte des Zuckers sehr steif und das Eigelb mit dem übrigen Zucker schaumig.

Saftiges Grün mal anders: Koste dein erstes Tortenstück ganz bewusst. Schmeckt es süß? Was schmeckst du noch? Wie empfindest du das Topping dazu? Überrasche einmal Gäste mit grüner Torte zum Kaffee.

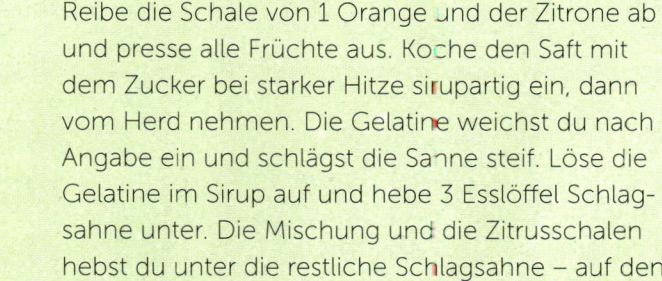

SEI DEIN EIGENER GAST!

Wichtig für uns ist nicht nur wie wir essen, sondern auch wo wir essen. Unsere Umgebung hat große Auswirkungen auf unseren achtsamen Genuss bei den Mahlzeiten. Dabei müssen wir nicht immer an der festlich geschmückten Tafel Platz nehmen. Statt Leinentischtuch und Kerzenleuchter darf es auch einmal der Tisch im Garten oder die Picknickdecke auf der Blumenwiese sein. Auch oder gerade dort unter freiem Himmel kann man sich das Essen mit großer Achtsamkeit schmecken lassen.

Manchmal allerdings bleibt im Alltag einfach nicht die Zeit für eine ausgiebige Pause. Aber egal ob du zu Hause in Ruhe etwas zu dir nimmst oder im Büro zwischen wichtigen Telefonaten nur eine kleine Zeitlücke findest: Schaff dir einen angenehmen Ort und eine wohltuende Atmosphäre zum Essen, sei gut zu dir und lade dich selbst als Gast ein.

Genieße die Vorfreude auf ein genussvolles Mahl. Viel Zeit oder wenig Zeit – auf jeden Fall solltest du das Essen bewusst und mit allen Sinnen wahrnehmen. Mach es dir bequem, nimm an einem Tisch Platz und schalte einmal auf „offline", also keinen Fernseher, kein Radio und vor allem kein Handy neben dir. Vielleicht leise, angenehme Musik oder lieber einen Moment wohltuende Stille? Entscheide selbst, was für dich am besten ist. Auch das Tischdecken solltest du als einen Vorgang der Achtsamkeit verstehen. Tu es ruhig und konzentriert, voller Vorfreude auf deine Mahlzeit. Farben, Düfte, eine Kerze oder eine Blume als Tischschmuck, all diese kleinen Aufmerksamkeiten können dir den Augenblick verschönern und dir dabei helfen, beim Essen ganz und gar anwesend zu sein.

»Gerade jetzt geht ein Moment vorbei. Wir müssen dieser Moment sein.«

PAUL CÉZANNE

Kleine Atemübung:
IM JETZT UND HIER VERANKERN

In der Unruhe des Alltags ist es oftmals nicht gerade leicht, sich auf den Augenblick zu besinnen, Stress und Hektik abzuschütteln und ganz bei sich selbst zu sein. Bei der Sammlung helfen kann ein Ritual wie den Tisch auf eine bestimmte Weise zu decken oder ein Tischgebet zu sprechen oder eine immer wiederkehrende Achtsamkeitsübung. Nimm dir mit der folgenden Übung unmittelbar vor jedem Essen, sei es die gemütliche Mahlzeit oder der kleine Snack, bewusst eine kleine Auszeit, fange deine vielleicht wild jagenden Gedanken ein und fokussiere dich auf den kommenden Genuss:

1 Bevor du dich zum Essen an den Tisch setzt, halte einen Moment im Stehen, Sitzen oder Liegen inne.

2 Lege die Hände auf deinen Bauch und atme durch die Nase tief in den Unterbauch ein. Du spürst, wie sich deine Bauchdecke dabei hebt und wie der Sauerstoff in jede Faser deines Körpers strömt.

3 Atme dann durch den geöffneten Mund wieder langsam aus. Stell dir vor, dass mit der Luft auch deine Anspannung deinen Körper verlässt.

4 Wiederhole diesen Rhythmus einige Male, bis du ruhig und zentriert bist.

MEINE GENUSSMOMENTE

Diese Seiten gehören dir! Hier kannst du eine eigene „Gedankenreise" unternehmen und dich daran erinnern, an welchem Ort, in welcher Situation du dich beim Essen unglaublich wohlgefühlt hast. War es an deinem eigenen Tisch, bei deinem selbst zubereiteten Essen? Oder bei Freunden in einer größeren Runde? In einem speziellen Restaurant oder an einem bestimmten Urlaubsort? Weißt du noch, was du in diesem Moment des puren Genusses gegessen hast? Schreibe deine kleinen Geschichten hier auf. Vielleicht inspirieren sie dich dazu, ein fast vergessenes Gericht wieder einmal zu kosten.

DIE MAHLZEIT BEWUSST ERLEBEN

Um deine Mahlzeit in bewusster Wahrnehmung zu genießen, kannst du ein paar einfache Tricks anwenden, um deine Achtsamkeit zu wecken, zu halten oder zu steigern.

Du hast einen ruhigen Ort ausgewählt und sitzt sehr bequem, so, wie du es magst. Du wählst eine Portion. Nun gibst du dir das mit dir selbst vereinbarte Zeichen – es funktioniert fast wie ein Gong oder wie ein Schalter, der umgelegt wird: Sobald du den Löffel aufnimmst, isst du langsam und achtsam. Nichts lenkt dich ab; iss Löffel für Löffel, kaue alle Bestandteile des Gerichts gut und widme dich mit Hingabe dem sich entfaltenden Geschmack. Lege das Besteck immer wieder einmal zur Seite, bevor du weiterisst – koste jeden Augenblick der Mahlzeit aus, er gehört dir!

Wenn du isst, isst du und tust nichts anderes. Benutze das Besteck einmal mit der anderen Hand als sonst, so wird deine Aufmerksamkeit voll und ganz darauf gerichtet, was du auf dem Teller hast: Die Gabel teilt die leuchtend orange Süßkartoffel leicht, aber mit ein wenig Widerstand – welche Konsistenz hat sie im Mund? Empfindest du sie als angenehm bissfest gegart, welche Geschmacksrichtung entwickelt sich beim Kauen? Beiße zwischendurch in etwas mit einer völlig anderen Konsistenz, um dein Aufmerksamkeitslevel zu halten. Iss kleine Bissen oder kleine Löffel voll und spüre immer wieder in dich hinein: Bin ich vielleicht schon angenehm satt? Vertraue auf deine Körpersignale und höre auf zu essen. Du bist zufrieden.

POWERMÜSLI
mit Erdmandeln

Für 4 Portionen • Zubereitungszeit: ca. 15 Minuten plus Einweichzeit

Zutaten

4 El Chufas (Erdmandeln, aus Bioladen
  oder Reformhaus, alternativ Cashewnüsse)
2 Äpfel
2 Nektarinen
4 El Walnusskerne
2 getrocknete Feigen
2 getrocknete Aprikosen
4 El Hanfsamen
  (alternativ Sonnenblumenkerne)
2 El geschroteter Leinsamen
2 El Sesam
800 ml Mandeldrink

Gib die Chufas in eine Schüssel, bedecke sie mit Wasser und lasse sie abgedeckt über Nacht einweichen. Chufas sind die kleinen Wurzelknollen eines tropischen Grases, die viele Kohlenhydrate – darin natürlichen Zucker – und Mineralstoffe wie Kalium, Eisen, Magnesium und Zink enthalten. Du kannst sie roh, geröstet, gebraten oder gekocht essen.

Am nächsten Tag gießt du das Wasser ab und spülst die Chufas ab. Putze die Äpfel und Nektarinen und würfele sie klein. Von den Walnüssen und Chufas legst du jeweils eine zur Seite, die übrigen hackst du klein, ebenso die getrockneten Feigen und Apri-

kosen. Nun mischst du alle Zutaten und übergießt sie mit der Mandelmilch. Während dein Powermüsli durchzieht, kaust du zunächst die Walnuss: Wie würdest du ihren nussigen Geschmack beschreiben? Dann isst du die Chufa: Wie schmeckt sie im Vergleich dazu, und woran erinnert dich ihr Geschmack?

Lasse deinen „inneren Gong" ertönen und setze dich an einen dir angenehmen Platz zum achtsamen Essen hin. Straffe dich und atme durch, sitzt du bequem? Nimm deinen Löffel und koste einen Löffel Müsli: Wie ist dein Mundgefühl? Kannst du unterschiedliche Konsistenzen unterscheiden? Lege den Löffel beiseite und kaue gründlich; spüre dabei vor allem den fruchtigen, eher weichen Bestandteilen nach. Welcher Geschmack entfaltet sich, hält er an? Wie ändert sich die Konsistenz des Müslis beim Essen? Nimm einen weiteren Löffel Müsli mit mehr Chufas und Nüssen: Erkennst du ihre Aromen wieder, und wie intensiv entfaltet sich nach den fruchtigen Aromen nun der nussige Geschmack? Iss dein Müsli Löffel für Löffel und schmecke die harmonische Verbindung der Zutaten. Atme durch, straffe dich wieder. Gehe erholt und gestärkt in deinen Tag!

TIPP:
Bereite dein Müsli
statt mit Chufas mit
2 Esslöffeln Chufa-Mehl und
2 Esslöffeln Getreideflocken
zu. Erlebe so eine andere
Konsistenz, einen anderen
Geschmack!

Parmesan-Fainá
mit Tomaten

Für 4 Portionen • Zubereitungszeit: ca. 25 Minuten plus Ruhezeit

ZUTATEN

2 Zweige Oregano
250 g Kichererbsenmehl
schwarzer Pfeffer
1 Tl Kräutersalz
3 El Olivenöl
2 El geriebener Parmesan
3 große Tomaten
Öl für das Blech

Schneide den Oregano frisch (oder verwende möglichst frische Kräuter aus dem Bio-Handel). Wasche ihn, schüttle ihn trocken und zupfe die Blättchen ab, dann hackst du sie fein. Zerreibe einige zwischen den Fingern und schnuppere daran.

Mische das Kichererbsenmehl mit Pfeffer und Salz in einer Schüssel. Dann fügst du erst 600 ml Wasser, danach das Öl langsam unter Rühren mit dem Handrührgerät hinzu und hebst Oregano und Parmesan unter. Den Teig lässt du 1 Stunde ruhen. Überlege vorher, was du in dieser Zeit für dich tun könntest!

Heize den Ofen auf 180 °C (Ober-/Unterhitze, Umluft nicht empfehlenswert) vor. Die Tomaten putzt, viertelst, entkernst du und schneidest sie in dünne

Scheiben. Wähle sehr aromatische Tomaten! Den Teig gibst du auf ein geöltes Backblech und belegst ihn mit Tomatenscheiben. Nun backst du die Fainá im Ofen ca. 30 Minuten, bis sie eben goldbraun ist.

Durch die Ofenwärme entfalten sich die Aromen intensiv, vor allem die der Kräuter und des Parmesans: Läuft dir nicht schon das Wasser im Mund zusammen? Iss deine warme Fainá achtsam – wer mag, isst einen frischen Salat dazu. Schließe von Zeit zu Zeit die Augen und genieße den Duft der kräftig-herben Kräuter und des würzigen Parmesans. Versuche, das Aroma Bissen für Bissen in der Fainá wiederzufinden. Lege dein Besteck für eine kurze Weile beiseite, nimm wieder einen Bissen und widme dich erneut den Aromen. Welche Geschmacksnuancen entdeckst du bei den Tomaten? Wie herrlich ein so einfaches Gericht doch schmecken kann!

Asia-Wok-Gemüse
mit schwarzem Reis

Für 4 Portionen • Zubereitungszeit: ca. 25 Minuten plus Garzeit

ZUTATEN

200 g schwarzer Reis
150 g Zuckererbsen-
    schoten
400 g Chinakohl
2 rote Paprikaschoten
1 Brokkoli
100 g Shiitakepilze
1 Knoblauchzehe
1 Stück Ingwerwurzel
    (2 cm)

2 El Rapsöl
2 El Sojasauce
1 Tl Zitronensaft
1 Tl Honig
200 ml natriumarme
    Gemüsebrühe
3 El geröstetes Sesamöl
Chilipulver
Salz

Wähle mit Bedacht schöne Schalen, in denen du Gemüse und Reis anrichten wirst – dein leckeres Gericht macht dir später schon beim Anschauen Freude. Lege Stäbchen zurecht – wer möchte, darf schon ein paar „Trockenübungen" damit unternehmen. Es ist ganz gleichgültig, wie „man" damit umgeht – finde einfach deinen Weg. Du sollt dich beim Essen wohlfühlen.

Den Reis garst du nach Packungsangabe und putzt in der Zwischenzeit das Gemüse. Schneide Chinakohl, Paprika und Pilze in feine Streifen, den Brokkolistiel ebenfalls, den Kopf aber zerteilst du in kleine Röschen. Dann schälst du Knoblauch und Ingwer und hackst sie fein. Knackig-frischer Ingwer ist sehr saftig, und es macht Spaß, sich jetzt schon vorzustellen, welche Geschmacksnote er den anderen Zutaten verleiht!

Das Öl erhitzt du in einer beschichteten Wokpfanne und schwenkst den Knoblauch darin kurz an. Nun hinein mit Gemüse und Ingwer – brate alles unter gelegentlichem Rühren ca. 10 Minuten bei mittlerer Hitze, bis das Gemüse bissfest ist.

Rühre die Sojasauce mit Zitronensaft, Honig, Brühe und Sesamöl glatt und vermenge das Gemüse damit. Schmecke ganz nach deinem Belieben mit Chili und Salz ab. Fülle Gemüse und schwarzen Reis in separate Schälchen und serviere. Sitze bequem und greife mit deinen Stäbchen das erste Stückchen Gemüse: Versuche es zu halten und betrachte es kurz, bevor du es isst – seine Farbe, seine Form, wie sich die Sauce daran schmiegt. Iss und fühle seine Textur im Mund, erkennst du die Aromen wieder, die du verarbeitet hast? Lege die Stäbchen beiseite. Koste ein anderes Gemüse. Lege die Stäbchen beiseite. Koste den Reis.

Achtsam essen
AUCH IM BÜRO

WER BERUFSTÄTIG IST, HAT ES NICHT IMMER LEICHT, SICH FÜR DAS ESSEN WIRKLICH ZEIT UND RUHE ZU NEHMEN. DOCH WENN DU EINIGE DINGE BEACHTEST, KANNST DU DIR AUCH IN DEN KLEINEN ARBEITSPAUSEN EINE BEWUSSTE UND WOHLTUENDE ATMO- SPHÄRE SCHAFFEN.

Das Allerwichtigste zuerst: Auch wenn du nur wenig Zeit hast, iss nicht im Stehen. Suche dir stattdessen einen Platz, den du als angenehm empfindest. Dein Schreibtisch sollte es möglichst nicht sein, denn hier lauern einfach zu viele unerledigte Dinge und Gedanken auf dich. Auch das Auto ist dafür nur wenig geeignet. Vielleicht hast du die Gelegenheit, deine Pause draußen zu verbringen, wo sich deine Augen, deine Ohren und auch deine Nase im Grünen entspannen können. Das ist besonders im Frühling und Sommer schön, wenn es überall blüht und zwitschert. Ob im Freien oder im Gebäude, wähle eine Stelle, wo du in Ruhe und ohne Ablenkung dein Essen verzehren kannst. Auch wenn dir nur 15 Minuten zur Verfügung stehen, nutze ein paar Minuten, um ganz bei dir und deiner Mahlzeit zu sein.

Hast du bisher in der Kantine gegessen, ohne damit wirklich glücklich und zufrieden zu sein? Oft geht es dort laut und hektisch zu. Umringt von sicherlich sehr netten Kolleginnen und Kollegen, erfährt man zwar allerlei Neuigkeiten, findet aber wenig Entspannung und Ausgleich. Und auch die angebotenen Gerichte sind nicht immer sehr bekömmlich. Achte also auch dort auf einen ruhigen Platz und auf eine achtsame Tischsituation. Iss nur das, was du magst, und nur so viel, wie du brauchst.

Einfach köstlich:
FRISCHE SMOOTHIES ODER SALATE IM GLAS

Als Alternative zur Kantinenkost bieten sich selbst zubereitete Pausensnacks an. Steht dir vor Ort eine kleine Küche oder etwas Ähnliches zur Verfügung, kannst du dir aus deinen Lieblingszutaten eine köstliche Pausenmahlzeit kreieren. Es müssen nicht immer langweilige und nach einiger Zeit meist immer irgendwie pappig aussehende und schmeckende belegte Brote sein! Frische Früchte, ein Naturjoghurt, zwei Esslöffel Müsliflocken, eine Handvoll Nüsse und vielleicht etwas Honig – fertig ist eine leckere und gesunde Stärkung. Oder magst du lieber etwas Warmes? Dann könntest du dir von zu Hause eine bereits vorgekochte Gemüsecremesuppe mitbringen und sie in deiner Pause noch einmal erhitzen.

Es gibt viele Möglichkeiten für selbst gemachte Zwischenmahlzeiten. Das Schöne daran: Du entscheidest selbst, was du isst, und kannst dabei auf von dir selbst ausgewählte Produkte zurückgreifen. Magst du es gerne bunt und knackig? Dann stell dir im Büro einen frischen Salat zusammen oder bring dir – besonders praktisch – die Zutaten appetitlich in ein Glas geschichtet bereits von zu Hause mit. Ein aromatisches Dressing dazu, und fertig ist der Frischekick, der deinem Körper und Geist bestimmt guttut. Noch einfacher hast du es mit Smoothies, dem vielfältigen Mix aus pürierten Früchten und Gemüse. Sicher in einer Glasflasche transportiert, bringt er leuchtende Farbe in deine Pause und schmeckt einfach lecker.

Egal, für welche Art von Imbiss du dich entscheidest, sei beim Essen ganz bei dir und dem Augenblick und speise achtsam!

COUSCOUS-SALAT
mit Minze

Für 2 Portionen oder 2 Gläser à 1 Liter
Zubereitungszeit: ca. 30 Minuten plus Abkühlzeit

Dieser frische und leichte Salat hilft dir bestimmt aus einem kleinen Mittagstief und weckt zusätzliche Lebensgeister! Du kannst ihn schnell mit vorgegartem Couscous in der Mittagspause anrichten oder appetitlich in ein Glas geschichtet bereits verzehrfertig von zu Hause mitbringen.

Zunächst garst du die kleinen feinen Couscouskörnchen, das geht ganz rasch: Du lässt die Gemüsebrühe in einem Topf aufkochen, streust das Getreide hinein, legst den Deckel auf und lässt das Ganze ca. 5 Minuten ziehen, bis die Flüssigkeit aufgesogen worden ist. Damit er schön körnig bleibt, lockerst du den Couscous am besten vor dem Abkühlen mit einer Gabel etwas auf.

Jetzt kommen die Orangen ins Spiel, die mit ihrer leuchtenden Farbe richtig Sonne in die Küche bringen. 1 Orange wird ausgepresst, die andere filetiert. Den aufgefangenen Orangensaft verquirlst du nun mit Essig und Öl. Schmecke die Mischung kräftig mit Salz und Pfeffer ab und stelle sie erst einmal beiseite.

Wichtiger Bestandteil dieses köstlichen Salats sind die frischen Kräuter: Bitte gründlich waschen und gut trocken schütteln, dann fein hacken. Die geputzte Salatgurke halbierst du in der Länge und schabst die Kerne heraus. Das Fruchtfleisch schneidest du in mundgerechte Würfel. Auch die Tomate zerteilst du nach dem Putzen und Entkernen in kleine Würfel.

Für das Joghurtdressing schälst du die Knoblauchzehe und presst sie in den Joghurt. Füge auch noch Zitronensaft und Kreuzkümmel hinzu. Für den kleinen Schärfekick halbierst du die Chilischote, entkernst sie und hackst sie fein. Jetzt das Dressing gut verrühren und mit Salz und Pfeffer – am besten frisch gemahlen aus der Mühle – würzen.

Vor dem Servieren vermengst du den Couscous mit der Orangenmarinade, damit er das fruchtig-frische Aroma annehmen kann. Jetzt kannst du entweder alle Zutaten vermischen und den Joghurt unterheben oder du schichtest den Salat zum Mitnehmen in Gläser: Du beginnst mit der Hälfte des Dressings, dann folgen der Couscous und die Orangenfilets. Den restlichen Joghurt darauf verteilen, dann die Gurken- und Tomatenwürfel und zum Schluss die gehackten Kräuter aufschichten. Mmh, das sieht so lecker aus, dass du die Pause bestimmt gar nicht erwarten kannst! Vor dem Essen schüttelst du das Ganze am besten kräftig durch oder hebst mit einem Löffel alles unter.

Zutaten

Für den Salat:
150 ml Gemüsebrühe
150 g Couscous
2 Orangen
1 El Weißweinessig
3 El Olivenöl
Salz
Pfeffer
1/2 Bund Minze
1/2 Bund Koriander
1/2 Bund glatte Petersilie
1/2 Salatgurke
2 Tomaten

Für das Joghurtdressing:
1 Knoblauchzehe
150 g Naturjoghurt
1 El Zitronensaft
1/2 Tl gem. Kreuzkümmel
1 grüne Chilischote
Salz
Pfeffer

fruchtig-scharf

PETERSILIE-SMOOTHIE
mit Aprikosen

Für 2 Gläser à 350 ml • Zubereitungszeit: ca. 10 Minuten

Gesundheit und Energie to go - mit diesem grünen Smoothie kurbelst du deinen Stoffwechsel tüchtig an. Er unterstützt deinen Körper bei der Regeneration und schmeckt dazu auch noch richtig lecker. Die Aprikosen bringen etwas aromatische Süße in den Power-Drink. Alternativ kannst du auch Nektarinen oder Pfirsiche verwenden.

ZUTATEN

150 g Romana-Salat
4 Stängel glatte Petersilie
50 g Babyspinat
8 Aprikosen
1 Orange
2 El Chia-Samen
1 Handvoll Eiswürfel

Bevor du die frischen grünen Zutaten, also den Salat, die Kräuter und den Babyspinat, in den Mixer gibst, solltest du sie gut waschen, putzen und zerkleinern. Dann kommt das Obst an die Reihe: die Aprikosen waschen, halbieren und die Kerne entfernen. Anschließend schälst du die Orange und zerlegst sie in einzelne Spalten.

Jetzt hast du deine Arbeit schon fast getan, und alles Weitere übernimmt der Mixer. Fülle das Gemüse und das Obst in das Mixgefäß und gib dann noch Chia-Samen hinzu. Die winzigen, glutenfreien

Samen der südamerikanischen Chia-Pflanze waren übrigens bereits bei Mayas und Azteken für ihre gesundheitsfördernden Wirkstoffe wie Omega-3- und Omega-6-Fettsäuren, Ballaststoffe und Mineralien bekannt. Gieße diese Mischung mit 100 ml Wasser auf und lass den Mixer alles fein pürieren.

Damit dein Smoothie schön sämig wird, gib die Eiswürfel hinzu und mixe so lange weiter, bis dir die Konsistenz deines Drinks zusagt. Du kannst ganz nach Belieben auch noch mehr Wasser hinzufügen.

Möchtest du deinen Smoothie mit zur Arbeit nehmen, füllst du ihn am besten in eine saubere, gut verschließbare Glasflasche, die du bis zum Transport in den Kühlschrank stellst.

QUINOA-BRATLINGE
mit Saure-Sahne-Dip

Für 4 Portionen • Zubereitungszeit: ca. 45 Minuten

Diese leckeren Bratlinge lassen sich gut vorbereiten und sind schnell in der Pfanne gebraten. Um die Bitterstoffe aus der Quinoa zu entfernen, musst du die kleinen Körnchen zunächst gut waschen. Sind sie abgetropft, lässt du sie in einem Topf bei mittlerer Hitze und bei geschlossenem Deckel ca. 15 Minuten kochen. Danach ziehst du den Topf von der Platte und gibst den Körnern noch einmal 15 Minuten Zeit zum Ausquellen.

In der Zwischenzeit kannst du die Süßkartoffeln schälen und dabei ihre schöne Farbe bewundern, bevor du sie in Würfel schneidest. Diese gibst du in einen weiteren Topf, bedeckst sie etwa zu zwei Dritteln mit Wasser und lässt sie zugedeckt ca. 20 Minuten weich garen. Nachdem du das Wasser abgegossen hast, zerstampfst du sie zu einem cremigen Püree. Dazu kannst du den Kartoffelstampfer oder – wenn es dir lieber ist – auch den Pürierstab verwenden.

Jetzt kommen die übrigen Zutaten an die Reihe: die Zwiebeln schälen, die Paprikaschoten waschen und putzen und beides fein hacken. Erhitze 1 Esslöffel Öl in einer Pfanne und dünste Zwiebeln und Paprika etwa 5 Minuten darin an. Anschließend füllst du die Mischung in eine große Schüssel.

Wasche die Petersilie, schüttele sie trocken und hacke sie fein. Genieße dabei den aromatischen Duft, der dir in die Nase steigt. Die Bohnen lässt du zunächst in einem Sieb abtropfen, bevor du sie mit einer Gabel leicht zerdrückst. Gib jetzt alle anderen Zutaten sowie die Quinoa und das Süßkartoffelpüree zu den Paprika und Zwiebeln in die Schüssel und mische alles gründlich durch. Wenn du magst, kannst du dazu gerne deine Hände benutzen. Schmecke die Mischung nun noch einmal mit Salz und Pfeffer ab. Forme aus der Masse acht gleichmäßige Bratlinge und brate diese in dem restlichen Öl bei mittlerer Hitze von jeder Seite ca. 6 Minuten an, bis sie schön knusprig sind.

Für den Dip schälst du den Knoblauch und presst ihn in die saure Sahne. Gib noch die Gewürze, den Zitronensaft, das Öl und etwa 80 ml Wasser dazu und verrühre alles zu einer frischen Creme, die du zu den Bratlingen reichst. Du kannst das Gericht auch noch mit einem grünen Salat ergänzen.

Zutaten

Für die Bratlinge:
200 g Quinoa
2 Süßkartoffeln
2 rote Zwiebeln
1 kleine Paprikaschote
3 El Olivenöl
1 kleines Bund glatte Petersilie
400 g Kidneybohnen
  (aus der Dose)
Saft von 2 Limetten
40 g Sonnenblumenkerne
1 El frisch gehackter Oregano
1 El gemahlener Kreuzkümmel
1 Ei (Größe L)
Salz
Pfeffer

Für den Dip:
1 Knoblauchzehe
4 El saure Sahne
1 El Paprikapulver
1 Prise Chilipulver
2 El Zitronensaft
1 El Leinöl

MIT BEDACHT WÄHLEN – UND GEWINNEN

Wir fühlen uns wohl, wenn wir dem Körper geben, was er braucht, ohne ihn zu belasten. Die beste Ernährung ist abwechslungsreich, ausgewogen, nährstoffreich und gut verwertbar – und sie schmeckt. Für unseren Energiehaushalt, für Wachstum und Regeneration benötigen wir Kohlenhydrate samt Ballaststoffen, Proteine, Vitamine, essenzielle Fettsäuren, Mineralstoffe und Spurenelemente, alles gut gemischt. Für das Wohlbefinden braucht es außerdem eine Kost, die uns mit Freude erfüllt und spürbar guttun. Eine Kernfrage achtsamer Ernährung lautet also: Was esse ich? Wenn wir unseren Körpersignalen als Reaktion auf Speisen, den Lebensmitteln, die wir zu uns nehmen, und der Zubereitung viel Achtsamkeit schenken, können wir nur gewinnen: wertvolle Nährstoffe für den Körper, tolle Geschmackserlebnisse und Genuss, Wohlgefühl und Zufriedenheit.

Achte auf die Signale deines Körpers im Rahmen der gewohnten Ernährung und darauf, welche Körperreaktionen und Gefühle bestimmte Lebensmittel auslösen: Worauf reagierst du positiv, worauf negativ? Werde dir so der Bedürfnisse deines Körpers bewusst – er weiß am besten, was gut für dich ist.

Beginnen wir damit, dass wir ein Verständnis für die wahren Quellen des Glücks entwickeln, damit diese hinfort als Fundament für die Prioritäten des Lebens dienen können.

DALAI LAMA

➔ WONACH HAST DU DICH ANGENEHM SATT GEFÜHLT?

➔ WAS HAT DIR SPÜRBAR ENERGIE GEGEBEN?

➔ WODURCH HAST DU DICH IM INNERN AUSGEGLICHEN GEFÜHLT?

➔ WONACH HAST DU GUT GESCHLAFEN?

➔ WANN WAR DEINE HAUT AUFFALLEND REIN UND GLATT?

➔ WAS HAT FÜR EINE REGELMÄßIG GUTE VERDAUUNG GESORGT?

Frage dich selbst ...

WAS IST GUT FÜR MICH?

Halte an einigen Tagen fest, was du gegessen hast und wie du dich danach gefühlt hast.
Es wird dir ein wenig mehr Aufschluss darüber geben, was gut für dich ist.

	WAS HABE ICH GEGESSEN?	WAS IST MIR BEIM ESSEN BEWUSST AUFGEFALLEN?	WIE HABE ICH MICH GEFÜHLT?	WAS HABE ICH DABEI GEDACHT?
MONTAG				
DIENSTAG				
MITTWOCH				
DONNERSTAG				
FREITAG				
SAMSTAG				
SONNTAG				

~ Darauf hab ich Lust ~

Du spürst ein Bedürfnis: Du bist hungrig. Schließe deine Augen, atme mehrmals tief in den Bauch hinein und entspanne dich. Achte nicht auf die Tageszeit, denke nicht an den Inhalt deines Kühlschranks oder eine bestimmte Zubereitung – es gibt keine Anforderungen von außen, du musst nichts. Stelle dir vor, ein imaginärer Kellner fragt dich, was er dir bringen darf. Ergründe völlig frei, jetzt und hier, deine Wünsche – lasse deine Gedanken einen nach dem anderen kommen. Wonach ist dir, was möchtest du gerade? Richte deine Aufmerksamkeit nach innen. Wie ist deine Stimmung? Soll dich die Nahrung wärmen oder abkühlen? Möchtest du lieber kauen oder schlucken? Hast du Lust auf etwas Körniges oder Cremiges? Was möchtest du schmecken: etwas Süßes oder Saures, etwas Mildes oder Scharfes? Oder eines nach dem anderen? Welcher Duft würde dich jetzt stimulieren? Wie soll dein Essen aussehen – welche Farbe kommt dir in den Sinn? Der Gedanke an welche Düfte, Farben, Aromen weckt positive Emotionen, lässt dir das Wasser im Mund zusammenlaufen? Was täte dir jetzt gut, was machte dir Freude? Wähle mit Liebe zu dir aus und finde dein persönliches „Soul Food" für den Moment: Den Genuss von etwas voll auszukosten, das dir schmeckt, macht dich glücklich. Das geschieht für den einen durch ein dickes Stück vom saftigen Schokoladenkuchen, für den anderen durch ein säuerlich-knackiges Cornichon – wie immer deine „Bestellung" auch lautet.

WENN IHR GEGESSEN UND GETRUNKEN HABT, SEID IHR WIE NEU GEBOREN.

Johann Wolfgang von Goethe

WEGE ZUM WOHLBEFINDEN –
es braucht nicht viel

Widme dich deinen Lebensmitteln, triff achtsam eine gute Wahl. Immer ist etwas ausgewählt Gutes, oft etwas Einfaches oder schlichtweg weniger von etwas mehr.

Lies Verpackungen: Fertigprodukte oder Fast Food enthalten Farb-, Konservierungs- und Aromastoffe. Sie haben keinerlei Nährwerte, „echte" Nährwerte wurden hingegen durch eine aufwendige Bearbeitung reduziert. Solchen Produkten sind naturbelassene Lebensmittel vorzuziehen. Einige Ideen, wie sie die Bewegung des Clean Eating vertritt, könnten dir Anregungen für die Ernährung geben: Vollkornprodukte oder Naturreis sind besser verdaulich als Weißmehl oder weißer Reis – vielleicht schmecken sie dir gar besser? Probier' doch mal. Haferflocken enthalten langsam verdauliche Kohlenhydrate und Hülsenfrüchte wertvolle Proteine, die deinen Körper über längere Zeit mit Energie versorgen. Raffinierter Industriezucker hat zwar Kalorien, aber keine Nährwerte: Du könntest die Zugabe reduzieren oder mit Honig oder Dicksäften süßen. Industriell gehärtete Fette können vom Körper nicht verarbeitet werden und lassen den Cholesterinspiegel steigen – Fette aus Nüssen oder Kokosöl sind eine leckere Alternative. Frisches Obst und Gemüse der Saison wollen entdeckt werden; es heißt, fünf Portionen in bunter Mischung decken den Tagesbedarf. Trinke stets genug, am besten Wasser oder Tee. Verzichte auf Dinge oder reduziere, was dir nicht bekommt: Wie geht es dir zum Beispiel nach einigen Tagen ohne Kaffee oder Alkohol? Teste, ob dir mehrere kleine Mahlzeiten besser bekommen als wenige große.

Zubereitung, Einkauf und Bevorratung sollen für dich angenehm sein. Manche Zutaten schmecken je nach Zubereitung immer wieder anders, du kannst aus ihnen ganz leicht viele Speisen zaubern. Manche kleinen Rezepte kannst du einfach unglaublich variieren – und die Grundzutaten hast du immer im Haus.

Dies mögen nur Anregungen sein, denn es gibt keine starren Regeln: Du entscheidest für dich. Höre immer auf deine innere Stimme!

DINKEL-PFANNKUCHEN

Für 2–4 Portionen
Zubereitungszeit: ca. 15 Minuten plus Ruhe- und Garzeit

Zutaten

Für den Pfannkuchen:

150 g Dinkelmehl
250 ml Milch
2 Eier (Klasse M)
1 Prise Salz
Rapsöl zum Ausbacken

Weniger ist mehr: Die Zutaten in über-schaubarer Zahl für diesen Klassiker hast du immer vorrätig. Die Zubereitung ist super-einfach, das Ergebnis super-lecker, und den Basisteig kannst du super-viel-fältig variieren! Die Pfannkuchen schme-cken nicht nur pur, sie machen auch noch eine Menge mit. Hier kommen ein paar Vorschläge – dir fallen garantiert an-dere Varianten mit deinen Lieblingszuta-ten ein. Morgens, mittags, abends, wann immer du willst, wie viel oder wenig du willst, wie dünn oder wie mollig du deine Pfannkuchen magst.

Ratzfatz ein Gericht zubereiten und Spaß dabei haben: Gib das Mehl in eine Schüssel und füge die Milch nach und nach unter Rühren mit einem Schneebesen zu. Sieh mal, wie aus der Mischung ein geschmeidiger, glatter Teig wird. Die Eier rührst du einzeln unter und fügst noch 1 Prise Salz dazu. Den Teig lässt du ca. 30 Minuten ruhen – eine gute Gelegenheit, dir jetzt auch eine kleine Ruhepause zu gönnen, vielleicht bei einer Tasse Tee?

In einer mittelgroßen beschichteten Pfanne erhitzt du nun etwas Rapsöl. Jetzt wird gebacken! Dazu gibst du den Teig mit einem Schöpflöffel in die Pfanne, bis der Boden gut bedeckt ist; oder du backst mehrere kleine Pfannkuchen. Backe sie bei mittlerer Hitze goldbraun, der Rand sollte etwas knusprig sein. Das dauert nur ein paar Minuten und sieht toll aus – und wie es schon duftet! Dann wendest du den Pfannkuchen mithilfe eines Tellers und backst ihn von der anderen Seite fertig. Kleiner Tipp: Die Pfannkuchen schmecken ganz frisch aus der Pfanne herzerwärmend lecker. **Dinkel** enthält neben vielen wichtigen Nährstoffen das vor Allergien schützende Rhodanid.

Variante 1 – fruchtig

250 g frische Heidelbeeren oder Früchte nach Saison deiner Wahl

Für die **fruchtige Variante** wartest du, bis sich auf der Unterseite des Pfannkuchens eine Kruste gebildet hat. Dann gibst du einige geputzte Heidelbeeren dazu und lässt den Pfannkuchen kurz weiterbacken. Weiter verfahren wie oben beschrieben. Wer mag, kann die Pfannkuchen auch pur backen und die Früchte dazureichen. Lass dich von der Kombination saftiger Früchte und warmen, weichen Teigs verwöhnen! **Heidelbeeren** enthalten besonders viele Antioxidantien, die als Radikalenfänger gelten.

Variante 2 – süß

2 El gepuffter Amaranth
alternativ 2 El gehackte Trockenfrüchte
Dicksaft (Apfel oder Birne) zum Beträufeln

Für die **süße Variante** den Amaranth (oder die Trockenfrüchte) nach dem Quellen unter den Teig rühren und backen wie beschrieben. Die noch warmen Pfannkuchen beträufelst du mit Dicksaft. Der Amaranth macht den Teig noch fluffiger und bereichert dein Mundgefühl um eine weitere Note. Wie süß dein Pfannkuchen wird, bestimmst du nach Lust und Laune. Welch ein Start in den Tag, ein Nachmittagsverwöhn-Snack oder ein Betthupferl ... **Amaranth** liefert uns essenzielle Fettsäuren und reichlich Eiweiß.

Variante 3 – herzhaft

1/4 Tl Kräuter der Provence
1 Tl Chia-Samen
1 Handvoll gewürfeltes Gemüse (Paprika, Zwiebel, Pilze, Tomate oder eine Mischung)
Frischkäse oder Kräuterquark als Topping
1 El Kressesprossen oder Sprossen nach Belieben

Für die **herzhafte Variante** rührst du nach dem Quellen Kräuter und Samen unter den Teig. Schwelge beim Backen im feinen Kräuterduft! Das Gemüse gibst du dazu, wenn sich auf der Unterseite des Pfannkuchens eine Kruste gebildet hat, und verfährst weiter wie oben beschrieben. Zum Servieren Tupfer von Käse oder Quark aufsetzen oder den Pfannkuchen damit bestreichen und mit Sprossen toppen. Du kannst auch einen Wrap daraus rollen! **Chia-Samen** sind reich an Antioxidantien, Proteinen, Ballaststoffen, Vitaminen und Mineralstoffen und vor allem Omega-3-Fettsäuren. Sie sättigen anhaltend und schenken dir Energie.

Unsere Heldin, DIE KAROTTE

Diese Feldfrucht hat es in sich und ist ein Alleskönner:
Die Karotte ist bei hohem Nährwert kalorienarm, ihr Betacarotin wird im
Körper in Vitamin A für Immunsystem und Zellaufbau umgewandelt.
Die Karotte enthält Kalzium, Magnesium, Jod, Vitamine der B-Gruppe und
Ballaststoffe. Sie kommt im bekannten Orange daher, aber auch in Weiß, Rot,
Violett oder Schwarz. Es gibt Bund-, Wasch-, Winter- und Snackkarotten, die man
roh in Scheiben, Stücke oder Streifen geschnitten genießen kann. Karotten
schmecken aber auch blanchiert, gekocht, geröstet, gebacken und püriert.
Probiere einmal an einer Wurzel aus, wie unterschiedlich sich der Geschmack
je nach Verarbeitung entfaltet. Indem du ihn für dich oder dein Gegenüber
laut beschreibst, machst du ihn dir gegenwärtig.

Roh & knackig

Wasche und bürste die Karotte gründlich, entferne die Wurzelspitze und den Ansatz des Grüns. Beiße beherzt in das dicke Ende und kaue gründlich. Was passiert dabei, was schmeckst du und wie entwickelt sich das Aroma beim Kauen weiter? Beiße nun in die zarte Spitze und kaue wieder gründlich – schmeckt das anders? Inwiefern?

Fein geschnitten & gerieben

Putze die Karotte, schäle sie hauchdünn. Dann schneide sie zunächst in hauchfeine Scheiben, diese in sehr feine Streifen (Julienne) oder reibe die Karotte fein. Nimm einen Löffel davon und beschreibe den Geschmack. Welche Gewürze, Öle oder Dips könntest du dir dazu vorstellen? Schon hast du einen kleinen Salat.

Gekocht & püriert

Putze die Karotte und schneide sie klein. Blanchiere sie kurz in etwas Salzwasser, sie sollte dann weich sein. Das Grün kannst du auch verwenden, wasche es und schüttele es trocken. Hacke zwei Stängel fein und probiere: Wonach schmeckt es? Nun pürierst du die Karotte und mischst das Karottengrün unter, koste, würze nach Belieben und koste wieder. Eine leckere Beilage!

KAROTTEN-INGWER-SUPPE

Für 4 Portionen · Zubereitungszeit: ca. 20 Minuten plus Garzeit

Zutaten

1 Zwiebel
2 Knoblauchzehen
1 Stück Ingwerwurzel (ca. 3 cm)
500 g Karotten
4 Kartoffeln
1 El Sonnenblumenöl
250 ml Weißwein
375 ml Gemüsebrühe
500 ml ungesüßte Kokosmilch
Salz
schwarzer Pfeffer
1/4 Tl gemahlener Kreuzkümmel
Blättchen von 1/2 Bund Koriander

Diese Suppe schenkt dir Wärme! Zwiebel, Knoblauch und Ingwer schälst du und hackst sie sehr fein. Putze die Karotten und schäle sie mit einem Sparschäler. Dann schneidest du sie in Stückchen – probier mal: Schmeckt es süß? Schäle die Kartoffeln und würfele sie.

Im heißen Sonnenblumenöl dünstest du Zwiebel, Knoblauch und Ingwer an, bis sie duften. Dann brätst du die Karotten darin kurz an. Jetzt kommen die Kartoffeln dazu, dann Weißwein und Gemüsebrühe. Koche die Suppe kurz auf und lasse sie zugedeckt bei reduzierter Hitze ca. 20 Minuten köcheln.

Rühre die cremige Kokosmilch, die ihren exotischen Wohlgeruch verströmt, ein. Stelle eine Suppenkelle voll Gemüse beiseite und püriere die Suppe, sie soll fein-cremig und sämig werden – eine tolle Textur, die sich im Mund angenehm weich anfühlt. Würze kräftig und füge das Gemüse wieder zu. Noch einmal erhitzen – schon fertig! Mit dem Koriander anrichten.

Alle Aromen haben sich voll entfaltet. Die Suppe leuchtet sommersonnen-orange und macht schon optisch gute Laune. Samtig-weich umscheichelt die Süße der pürierten Karotten den Gaumen, die milde Schärfe des Ingwers erzeugt Wärme. So wird uns nicht nur ums Herz schön warm!

Coq au vin

Für 4 Portionen • Zubereitungszeit: ca. 20 Minuten plus Garzeit

Zutaten

1 küchenfertiges Hähnchen
  (ca. 1,3 kg) ohne Innereien
Salz
schwarzer Pfeffer
1 Tl edelsüßes Paprikapulver
2 El Butter
80 g durchwachsener, gewürfelter Speck
300 g kleine Champignons, geputzt
5 cl Cognac
3 Schalotten, fein gehackt
2 Knoblauchzehen, fein gehackt
3 Karotten, fein gewürfelt
4 Tomaten, gehäutet und gewürfelt
1 El Mehl
600 ml trockener Rotwein
1/2 Bund glatte Petersilie, fein gehackt

Spüle das Hähnchen ab und tupfe es trocken, zerlege es in acht Portionen und reibe es innen und außen mit Salz, Pfeffer und etwas Paprikapulver ein. Zerlasse die Butter in einem Schmortopf und lasse die Speckwürfel darin aus. Der würzige Duft macht jetzt schon Appetit! Brate die Champignons darin, dann nimmst du beides aus dem Bräter und stellst es beiseite.

Brate nun die Hähnchenteile im Bräter rundum an. Gieße den Cognac an und füge Schalotten, Knoblauch sowie das Gemüse zu und koche alles auf. Bestäube den Topfinhalt mit Mehl und lösche mit Rotwein ab. Der Herd erledigt den Rest für dich: Alles schmort nun zugedeckt etwa 1 Stunde bei geringer Hitze. Schau hin und wieder in den Topf und siehe, wie sich die Zutaten verbinden, bis das Hähnchen am Ende in seinem Gemüsebett liegt – probiere immer wieder, wie sich das Aroma beim Kochen wandelt! Die Karotten harmonieren perfekt, heben den Geschmack und verleihen dem recht kräftigen Gericht ein dezent fruchtig-süßes Bouquet. Die letzten 5 Minuten erwärmst du die Pilze und den Speck im Coq au vin. Schmecke ab und streue die Petersilie darüber.

Frühlingsgemüse-Gratin

Für 4 Portionen • Zubereitungszeit: ca. 35 Minuten plus Backzeit

Zutaten

500 g in der Schale gekochte Kartoffeln
Salz
250 g weißer Spargel
1 Prise Zucker
1 Tl Butter
1 Kohlrabi
300 g Karotten
200 g Zuckerschoten
1 Bund Petersilie, gehackt
6 El Gemüsebrühe
300 g Ziegencamembert
2 Zwiebäcke
Fett für die Form

Hier kommt der Frühling für dich auf den Teller: Iss achtsam Gemüse für Gemüse und spüre jedem Geschmack nach, lege immer wieder einmal dein Besteck zur Seite. Iss löffelweise verschiedene Gemüse miteinander: Wie haben sich die Aromen vereint? Iss dann Gemüse mit dem Käse: Welche Aromen nimmst du in welcher Intensität wahr?

Pelle die Kartoffeln: Ziehe die Haut ab und halte die festen, glatten und hellgelb glänzenden Kartoffeln in deinen Händen. Ihr wunderbares Eigenaroma nimmst du jetzt schon wahr. Schneide sie in Spalten und bestreue sie mit etwas Salz. Schäle den Spargel, schneide ihn in Stücke und gare ihn in Salzwasser mit Zucker und Butter bissfest – sein Duft ist einfach unvergleichlich! Schäle Kohlrabi und Karotten, dann schneidest du den Kohlrabi in Stücke. Schneide die Karotten in Scheiben und gare beides in Salzwasser bissfest. Die geputzten Zuckerschoten brauchst du nur in Salzwasser etwas blanchieren.

Kartoffeln, Gemüse und Petersilie gibst du in eine gefettete Form und beträufelst sie mit Brühe. Den Käse verteilst du in Stücken darüber und bröselst den Zwieback fein darauf. Das Gratin im vorgeheizten Backofen bei 200 °C ca. 30 Minuten überbacken.

EINFACH GUT GEMACHT

Aus wenigen guten Zutaten kannst du ganz unterschiedliche Gerichte zaubern. Rezeptklassiker wie Hefeteig,
aus dem Süßes und Herzhaftes entsteht, werden
heute noch mit wenigen guten Zutaten genauso zubereitet
wie früher. Die Rezepte funktionieren einfach, und die
Backwaren schmecken. Spüre, wie zufrieden es macht,
einfache Dinge gut zu machen - achtsam zu kochen
und zu backen kann so viel Freude bringen und
erfüllend sein! Den Teig mit den Händen in ruhigen,
immer wiederkehrenden Bewegungen mit Hingabe zu
verarbeiten, wirkt meditativ. Wenn du den Fokus darauf
richtest, weitet sich dein Geist, du bist ganz bei dir
und gehst in der Tätigkeit auf. Schau auf deine Hände,
wie darunter mühelos etwas entsteht. Der trocken-
elastische Teig fühlt sich angenehm an, du verspürst den
Wunsch, ihn sanft zu kneten. Und wie schön: Du wirst fühlen,
wenn der Teig „gut" ist. Wie verführerisch duftet es,
wenn das Backwerk dann aus dem warmen Ofen kommt und
seinen Duft verströmt!

Süsser Hefezopf

Für 1 großen Zopf • Zubereitungszeit: ca. 30 Minuten plus Backzeit und Zeit zum Gehen

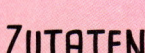

Zutaten

150 ml Milch
20 g Hefe
300 g Mehl
50 g Zucker
1 Tl Vanillezucker
2 Eigelb
1 Msp. abgeriebene
   Schale von 1 unbe-
   handelten Zitrone

1 Prise Salz
50 g weiche Butter
2 El Rosinen
1 El Rum
1 verquirltes Ei
Puderzucker
   zum Bestäuben
Butter und Mehl
   für das Blech

• •

Begib dich in deine „Backstube" und schließe die Tür – die Welt bleibt draußen, kein Telefonklingeln wird dich stören. Du backst jetzt in Ruhe und mit Sorgfalt, ganz entspannt, Schritt für Schritt und wirst erleben, dass man das schmeckt. Du brauchst nicht viel, um diesen großen, köstlichen, knusprig-weichen Zopf zu backen. Stelle alle Zutaten übersichtlich für dich auf.

Erwärme die Milch und löse die zerbröckelte Hefe darin auf. Die Hefe fühlt sich glatt und cremig an, etwa wie Ton, und riecht angenehm. Verweile einen Moment und betrachte, wie die Mischung beginnt zu schäumen. Verknete sie mit Mehl, Zucker, Vanillezucker, Eigelb, Zitronenschale und 1 Prise Salz zu einem glatten Teig. Menge die weiche Butter unter und knete, bis sich der Teig vom Schüsselrand löst. Habe keine Scheu, knete gleichmäßig und kräftig, der Teig wird es dir danken! Er fühlt sich anschmiegsam an und wird nach und nach angenehm warm. Dann lässt du den Hefeteig abgedeckt 30 Minuten gehen.

Die Rosinen spülst du heiß ab und mischst sie mit dem Rum, das Backblech bestreichst du mit Butter und bestäubst es mit Mehl. Knete die abgegossenen Rosinen unter den Teig. Den Teig teilst du in drei Teile und formst gleichmäßige Stränge daraus. Nun flechte einen Zopf – so entsteht das hübsche Muster des Backwerks! Setze den Zopf aufs Backblech und lasse ihn an einem warmen Ort ca. 20 Minuten gehen.

Heize den Backofen auf 180 °C vor – wenn du den Hefezopf mit dem verquirlten Ei bestreichst, glänzt er später schön. Backe ihn im Ofen etwa 30 Minuten und bestäube ihn vor dem Servieren mit Puderzucker. Dein Zopf sieht aus wie gemalt! Dicke warme Scheiben davon schmecken einfach so oder mit Butter bestrichen unvergleichlich gut.

HERZHAFTES SAUERTEIGBROT

Für 1 Brot • Zubereitungszeit: ca. 20 Minuten plus Backzeit und Zeit zum Gehen

Zutaten

5 g Hefe
100 g Sauerteig
  (aus dem Bioladen)
100 g Weizenmehl (Type 405)
250 g Vollkornroggenmehl
150 g saure Sahne
1 Tl Salz
Mehl für die Arbeitsfläche

Back dein Brot selbst – und das ist alles, was du brauchst: Bröckele die Hefe in 50 ml lauwarmes Wasser und lasse sie ca. 5 Minuten ruhen. Mische Sauerteig, Weizenmehl, Vollkornroggenmehl, saure Sahne, Salz und 100 ml lauwarmes Wasser in einer Schüssel und rühre gut um. Gib die angerührte Hefe dazu und knete den Teig auf einer bemehlten Fläche gut durch. Den Teig lässt du 1 Stunde lang zugedeckt an einem warmen Ort gehen.

Danach knetest du den Teig erneut gut durch und formst anschließend mit bemehlten Händen einen runden Brotlaib daraus. Fühlt sich richtig gut an! Lasse das Brot 1 weitere Stunde gehen. Dann heizt du den Backofen auf 200 °C vor, bepinselst das

Brot mit Wasser und backst es auf der mittleren Schiene ca. 55 Minuten. Schau in den Backofen, wie es langsam, aber stetig, eine knusprige Kruste bekommt – ganz so wie beim Bäcker. Nimm es aus dem Ofen und freue dich daran, wie lecker das dunkle Brot aussieht: Das hast du gemacht! Da läuft einem das Wasser im Mund zusammen.

INFO:

Roggenvollkornmehl: Die wertvollen und gesunden Anteile des Mehls stammen aus der äußeren Frucht- und Samenschale des Korns. Je mehr von der Schale mitgemahlen wird, desto höher der Anteil an gesunden Inhaltsstoffen. Die Roggenmehlsorten Type 997 und 1150 sind für Mischbrote gut geeignet und ergeben geschmackvolle, kräftige Backwaren, die wegen des Säureanteils länger frisch bleiben.

EINKAUFEN

MIT HERZ UND VERSTAND

Das Essen achtsam genießen, das fängt bereits beim Einkauf an. Wer seine Lebensmittel mit viel Bedacht und Liebe auswählt, hat einfach mehr davon - mehr Qualität, mehr Geschmack und einfach mehr Genuss am Essen. Es ist gut zu wissen, wo die Zutaten herkommen, die wir in der Küche verwenden.

Auch wenn wir den direkten Kontakt zur Landwirtschaft mittlerweile etwas verloren haben, können wir doch beim Einkaufen genauer hinsehen: Was wird uns da Appetitliches angeboten, woher stammen das Fleisch, der Fisch und die Eier, und wo wachsen all die Früchte, Kräuter und Gemüsepflanzen? Jeder Supermarkt hat heute ein breites Sortiment an frischen Lebensmitteln, sodass du auch dort eine große Auswahl vorfindest. Lass dich inspirieren von der bunten Auslage und wähle doch einmal ein Obst oder Gemüse, das du nicht kennst oder das du zumindest noch nie gekostet hast.

Schöner als im Supermarkt, wo die Waren meist hinter Plastik verpackt auf ihre Käufer warten, ist das Einkaufen sicherlich auf dem Wochenmarkt. Präsentiert direkt vor deinen Augen an den Marktständen, gibt es hier ausgewählte Produkte, deren Frische du sehen, riechen und auch fühlen kannst. Hier ist man nach ein paar Wochen schnell miteinander bekannt. Neben einem kleinen Schwatz sind auf dem Markt auch immer viele Informationen und gute Tipps zu den Lebensmitteln zu bekommen: Was hat gerade ein besonders gutes Aroma? Was ist besonders frisch? – das erfährst du hier bestimmt. Eine andere stressfreie und genussvolle Möglichkeit ist der Einkauf direkt beim Bauern. Hier bekommst du in der Regel tatsächlich nur das, was an Ort und Stelle erzeugt wird. Im Angebot ist also regionale und saisonale Ware, die keine weiten Wege über Ländergrenzen hinweg auf sich nehmen musste, um auf unseren Tellern zu landen. Diese Produkte haben in der Regel die optimale Reife und mehr Aroma als die meist unreif geernteten exotischen Verwandten aus dem Süden und aus Übersee. Außerdem schonen die kurzen Transportwege die Umwelt. Auf den Bauernhöfen mit angegliederten Hofläden kannst du auch gut beobachten, was gerade auf den Äckern und in den Beeten wächst und was gerade geerntet wird. Auch die Eierlieferanten laufen hier eifrig pickend umher und sammeln Kraft und Energie für das nächste köstliche Frühstücksei.

Knackig-frisches heimisches Obst und Gemüse in kräftigen Farben in der Nachbarschaft gedeihen zu sehen und dann auf dem Bauernhof oder Markt auszuwählen, lässt schon Vorfreude aufs Genießen aufkommen. Möchtest du sicher sein, dass keine Düngemittel, Pestizide oder Gentechnik im Spiel sind, greifst du am besten zu Bioprodukten. Durch ihren naturnahen und nachhaltigen Anbau und ihre schonende Verarbeitung sind sie frei von den Körper belastenden Zusatzstoffen und versprechen ein pures Geschmackserlebnis. Wähle Biofleisch von Tieren aus artgerechter Haltung vom Metzger deines Vertrauens: Es enthält weniger Schadstoffe. Weil die Tiere ökologisch gefüttert wurden, langsamer gewachsen sind und sich mehr bewegt haben, ist ihr Fleisch saftiger und hat mehr Aroma.

Achte bei allem, was du einkaufst und isst, bewusst auf gute Qualität. Es mag ein bisschen teurer sein, aber du wirst es schmecken und tust deinem Körper sowie der Umwelt Gutes.

KLEINER SAISONKALENDER OBST

	JAN	FEB	MÄRZ	APR	MAI	JUNI	JULI	AUG	SEP	OKT	NOV	DEZ
Äpfel								X	X	X	X	
Aprikosen						X	X	X				
Birnen								X	X	X		
Brombeeren								X	X			
Erdbeeren					X	X	X					
Himbeeren						X	X	X				
Holunder(beeren)									X	X		
Johannisbeeren						X	X	X				
Kirschen						X	X					
Pflaumen								X	X	X		
Quitten										X	X	
Stachelbeeren						X	X	X				

KLEINER SAISONKALENDER GEMÜSE

	JAN	FEB	MÄRZ	APR	MAI	JUNI	JULI	AUG	SEP	OKT	NOV	DEZ
Bohnen (grün)							X	X	X	X		
Brokkoli						X	X	X	X	X		
Grünkohl	X	X									X	X
Karotten							X	X	X	X		
Kartoffeln								X	X	X		
Kohlrabi					X	X	X	X	X			
Mangold						X	X	X	X	X		
Paprika							X	X	X	X		
Pastinake	X	X								X	X	X
Spargel				X	X	X						
Steckrübe	X									X	X	X
Zwiebeln							X	X	X	X		

ROHKOSTSTICKS
mit Meerrettich-Honig-Dip

Für 3–4 Portionen • Zubereitungszeit: ca. 20 Minuten

Lass dich bei deinem Einkauf von der großen Auswahl an frischem Gemüse inspirieren, von den verschiedenen Farben, Formen und Größen. Viele Gemüsesorten schmecken auch roh, besonders wenn du sie mit einem leckeren Dip zubereitest. Am besten wählst du auch von der Farbe her unterschiedliches Gemüse, denn das sieht noch appetitlicher aus.

Zutaten

Für die Sticks:
2 Staudensellerie
2 Zucchini
1 rote Paprikaschote
1/2 Salatgurke
4 Karotten
2 Chicoréestauden

Für den Dip:
80 g Crème fraîche
2 El Zitronensaft
2 El frisch geriebener Meerrettich
1 Tl Honig
Meersalz
Pfeffer
2 El frisch gehackte gemischte Kräuter
  (z. B. Petersilie, Schnittlauch, Minze, Basilikum)

am besten in schmale Streifen, den Chicorée in einzelne Blätter. Dabei solltest du der Kern entfernen, da er etwas bitter schmeckt. Richte die Sticks in Schüsseln oder Gläsern dekorativ an, denn natürlich isst auch das Auge mit.

Für den Dip rührst du die Crème fraîche mit dem Zitronensaft glatt und gibst den Meerrettich und den Honig dazu. Gerade die Kombination von scharf und süß geben dieser cremigen Sauce ihre besondere Note. Zum Schluss schmeckst du mit Salz und Pfeffer ab und rührst die frischen Kräuter unter.

Für die Sticks musst du das Gemüse zunächst gut waschen und putzen. Zerteile es dann in handliche Stücke, die du gut greifen und dippen kannst: Staudensellerie, Zucchini, Paprika, Gurke und Karotten

Auf Erkundungstour:
ALTE SORTEN NEU ENTDECKEN

Hmh, köstlich! Erdbeeren, Spargel & Co schmecken beim Bauern vor Ort in der Saison frisch geerntet einfach am besten. Bei den Erdbeeren kannst du sogar meist selbst aktiv werden und die besten und prallsten der leuchtend roten Früchte in deine Schüssel sammeln. Das kostet zwar schon ein bisschen Mühe, aber dafür kannst du dich mit deinen eigenen Augen – und natürlich auch mit der Nase – von der Qualität überzeugen.

Wir sind so sehr an exotische Früchte und verarbeitete Zutaten gewöhnt, dass der volle Eigengeschmack natürlicher Lebensmittel der Region zum Erlebnis werden kann: Probiere auf dem Markt oder beim Bauern einmal alte Obstsorten wie Reneclauden, Mirabellen und Quitten. Oder entscheide dich für in Vergessenheit geratene oder lange unterschätzte Gemüse wie Mangold, Pastinaken, Rote Bete, Steckrüben oder Topinambur, sie halten ein Füllhorn an Aromen parat und sind abwechslungsreich zu verarbeiten.

Alle Äpfel sind rot und Kartoffel ist gleich Kartoffel? Schau dich auf dem Markt, im Bio- oder Bauernladen einmal genau um. Du wirst erstaunt sein, wie viele verschiedene Sorten es allein an Kartoffeln gibt. Linda, Nicola, Sieglinde und Cilena gehören zu den festkochenden Erdknollen und eignen sich damit gut als Brat- und Pellkartoffeln sowie für Salate und Gratins. Die mehlig kochenden Bintje, Gunda und Adretta sind dagegen perfekt für Suppen und Püree. Daneben werden aber auch „exotischere" Sorten angeboten wie Laura mit roter Schale und tiefgelbem Fleisch, Blauer Schwede mit violettem Fleisch und intensivem, leicht süßlichem Geschmack oder die wie ein krummer Finger geformten Bamberger Hörnchen mit nussigem Aroma.

Eine womöglich noch größere Vielfalt gibt es bei den Äpfeln: Neben gängigen Sorten wie Braeburn, Elstar, Gloster, Boskoop, Golden delicious, Gala, Jonagold und Granny Smith finden sich auch alte Schätze wie Gravensteiner, Renette, Ingrid Marie, Finkenwerder Herbstprinz oder Holsteiner Zitronenapfel. Grün, goldgelb, rot oder von allen Schattierungen etwas – das Apfelsortiment bietet eine große Vielfalt an Farben wie an Formen. Und das Beste daran: Jeder Apfel schmeckt ein klein wenig anders.

Auf Geschmacksreise

Warum nicht einmal Apfelprobe statt Weinprobe? Besorge dir auf dem Markt möglichst sechs bis acht verschiedene Apfelsorten und lade deine Lieben, Freunde und Bekannten zur Verkostung ein.

1 Zunächst wäschst du die Äpfel und reibst sie anschließend mit einem Tuch trocken. Dann schneidest du sie in Viertel und entfernst jeweils das Kerngehäuse. Aber bitte nicht die Schale entfernen, denn die ist ein wichtiges Merkmal beim Genuss des Apfels. Am besten behältst du von jeder Sorte ein besonders schönes Exemplar zurück, das du nicht zerteilst.

2 Jetzt benötigst du pro Apfelsorte einen großen Speiseteller, auf dem du die Viertel – natürlich nach Sorten getrennt – arrangierst. Den kompletten Apfel legst du jeweils dazu, damit deine Gäste das köstliche Obst, das sie gerade genießen, auch in seiner ganzen Schönheit bewundern können. Damit es keine Verwechslungen gibt, markierst du am besten jeden Teller mit einer Zahl und notierst dir (im Geheimen), welche Apfelsorte auf welchem Teller liegt.

3 Nun heißt es kosten: Süß, fein säuerlich oder sauer – welcher Apfel schmeckt wie? Knackig und saftig oder eher mehlig und trocken – wie fühlt sich der Bissen beim Kauen im Mund an?

4 Zum Schluss wird der Gewinner bestimmt. Welcher Apfel bekommt die meisten Stimmen, welcher fällt beim Test eher durch? Führe eine Strichliste. Wenn ihr mögt, könnt ihr auch verschiedene Beurteilungskriterien einführen wie Aussehen, Geschmack oder Konsistenz. Am Ende folgt die Auflösung: Welche Äpfel waren im Angebot? Wer weiß, vielleicht können deine Gäste sogar einige Sorten richtig benennen.

Steckrübe und Petersilienwurzel – mit diesen würzigen Energielieferanten kochten schon unsere Vorfahren. Wie gut, dass diese alten Gemüsesorten gerade in der Küche ein erfolgreiches Comeback feiern. Halte bei deinem Einkauf auf dem Wochenmarkt also Ausschau nach diesen Wurzeln und Knollen.

STECKRÜBENEINTOPF
mit Pellkartoffeln

Für 4 Portionen • Zubereitungszeit: ca. 45 Minuten

ZUTATEN

600 g Steckrüben
300 g Karotten
100 g Petersilienwurzel
1 Gemüsezwiebel
1 El Öl
2 El Butter
1 El fein geschnittener Majoran
800 ml Gemüsebrühe
600 g festkochende Kartoffeln
1 Bund glatte Petersilie
Salz
Pfeffer

Zunächst befreist du die Steckrüben, die Karotten, die Petersilienwurzel und die Gemüsezwiebel von ihrer Schale. Du bist vielleicht erstaunt, dass unter der rotbraunen „Haut" der Steckrübe appetitlich gelbes Fleisch zum Vorschein kommt. Halbiere die Zwiebel und schneide sie in feine Streifen. Das andere Gemüse schneidest du in mundgerechte Würfel.

Nimm einen großen Topf zur Hand und erhitze darin das Öl und 1 Esslöffel Butter. Ist das Fett heiß genug, gibst du das Gemüse dazu und lässt es kurz anbraten. Dann den Majoran zufügen und das Ganze mit der Gemüsebrühe ablöschen. Reduziere jetzt die Temperatur auf mittlere Stufe, damit das Gemüse sanft köcheln kann. Nach etwa 20 Minuten sollte es gar sein. Pick dir einfach einen der leckeren Würfel aus dem Topf heraus und probiere, ob er für dich weich genug ist.

In der Zwischenzeit lässt du die Kartoffeln ungeschält in reichlich Salzwasser 15–20 Minuten garen. Teste mit einer Gabel, ob die kleinen Erdäpfel weich sind, und gieße sie dann in ein Sieb ab. Wenn du sie nicht mit der Schale essen magst, lässt du sie etwas auskühlen und ziehst dann die Schale ab. Anschließend wäschst du die Petersilie, schüttelst sie trocken und schneidest die Blättchen in feine Streifen.

Lass die restliche Butter in einer Pfanne schmelzen und schwenke dann die Kartoffeln darin. Schmecke den Gemüseeintopf zum Schluss mit Salz und Pfeffer ab und serviere ihn in dekorativen Schalen oder Suppentellern. Bestreue den Eintopf mit den frischen Kräutern. Das sieht gut aus und gibt dem Gericht den letzten Pfiff. Die in Butter geschwenkten Kartoffeln reichst du dazu.

PUTENSTEAKS
mit Apfel-Spitzkohl

Für 4 Portionen • Zubereitungszeit: ca. 35 Minuten

Zutaten

Für das Gemüse:
1 Zwiebel
1 kleiner Kohlrabi
1 mittelgroßer Apfel (z. B. Elstar)
1 Spitzkohl
2 El Olivenöl
300 ml Gemüsebrühe
150 g Crème fraîche
Salz, Pfeffer
1 Kästchen Kresse

Für die Putensteaks:
2 Putenbrustfilets (à 300 g)
Salz, Pfeffer
2–3 El Olivenöl

Spitzkohl ist der edlere Verwandte des Weißkohls, du wirst sehen: Er ist viel zarter im Geschmack und passt sehr gut zu Fleisch und Geflügel. Für dieses feine Gemüse schälst du zunächst die Zwiebel und den Kohlrabi. Den Apfel waschen, vierteln und das Kerngehäuse entfernen. Die Zwiebel hackst du fein, während du Kohlrabi und Apfel in ca. 1 cm große Würfel schneidest. Jetzt kümmerst du dich um den Spitzkohl: zuerst putzen, dann vierteln, den Strunk entfernen und die grünen Blätter in fingerdicke Streifen schneiden.

In einem großen Topf erhitzt du das Olivenöl und brätst dann die Zwiebel und den Kohlrabi ca. 4 Minuten darin an. Gib den Spitzkohl zu und gare das Ganze für weitere 4 Minuten. Nachdem du die Gemüsebrühe zugegossen hast, lässt du das Gemüse bei kleiner Hitze noch einmal 8–10 Minuten köcheln. Anschließend fügst du den Apfel und die Crème fraîche hinzu und würzt das Ganze mit Salz und Pfeffer ganz nach deinem Geschmack.

Während das Gemüse köchelt, kannst du die Putensteaks waschen und trocken tupfen. Halbiere das Fleisch zunächst längs und schneide es dann quer in ca. 3 cm breite Streifen. Gut salzen und pfeffern, bevor du es in einer Pfanne in heißem Öl unter Wenden von beiden Seiten ca. 8 Minuten gar brätst. Beobachte, wie das Fleisch langsam eine appetitliche Färbung annimmt und einen leckeren Duft entwickelt.

Zum Servieren richtest du das Spitzkohlgemüse auf Tellern an und belegst es jeweils mit den Putenstreifen. Garniere das Gericht mit den Kresseblättchen und biete es sofort an, damit es schön heiß bleibt. Wenn das Essen noch etwas gehaltvoller sein soll, kannst du auch frisches Baguette oder Bauernbrot oder auch Dillkartoffeln (siehe Seite 108) dazureichen.

Für den Belag:
2 kg Quitten
1 unbehandelte Zitrone
4 El Roh-Rohrzucker
1 Tl Zimtpulver

Für die Streusel:
150 g Marzipankartoffeln
100 g weiche Butter
200 g Mehl
100 g Roh-Rohrzucker
1 Prise Salz

VOLLKORNKUCHEN
mit Quitten

Für 1 Backblech (ca. 20 Stücke) • Zubereitungszeit: ca. 45 Minuten plus Zeit zum Gehen und Backen

ZUTATEN

Für den Teig:

500 g Dinkelvollkorn-mehl plus etwas für die Arbeitsfläche	180 ml lauwarme Milch
	80 g Roh-Rohrzucker
	1 Prise Salz
1 Würfel frische Hefe	100 g Butter
	2 Eier

Siebe das Mehl in eine Schüssel. Forme in die Mitte eine Mulde, in die du die frische Hefe hineinbröckelst. Verrühre sie mit 1 Esslöffel Zucker, ungefähr einem Drittel der Milch, dem Salz und etwas Mehl vom Rand. Decke die Schüssel anschließend mit einem sauberen Tuch ab und gib diesem Hefeansatz ca. 15 Minuten Zeit zum Gehen.

Nach dieser Ruhezeit zerlässt du die Butter. Ist sie wieder etwas abgekühlt, gibst du sie mit den Eiern, der übrigen Milch und dem restlichen Zucker in die Schüssel. Jetzt verknetest du diese Zutaten mit deinen Händen zu einem geschmeidigen Teig, deckst diesen wieder ab und platzierst ihn an einem warmen, windgeschützten Ort. Hier sollte er etwa 1 Stunde gehen, bis er sein Volumen verdoppelt hat.

In der Zwischenzeit bereitest du für den Belag die Quitten vor, die schön gelb sein sollten. Zunächst musst du die Vitaminbomben mit der pelzigen

Schale waschen, schälen und die Kerngehäuse entfernen. Das Fruchtfleisch schneidest du in Spalten. Die Schale der Zitrone reibst du dünn ab und presst die Frucht aus. Du gibst die Quitten in einen Topf, fügst Zitronensaft und -schale, Zucker, Zimt sowie ca. 150 ml Wasser hinzu und dünstest die Früchte ca. 40 Minuten, bis sie weich sind.

Jetzt heizt du den Backofen zunächst auf 180 °C vor und belegst ein Backblech mit Backpapier. Für die Streusel hackst du die Marzipankartoffeln, verknetest sie mit den anderen Zutaten und stellst sie für die weitere Verwendung kalt. Du rollst den Teig auf einer bemehlten Arbeitsfläche auf passende Größe aus und legst ihn auf das Backblech. Anschließend kannst du die Quitten gleichmäßig darauf verteilen. Lass den Kuchen noch einmal ca. 15 Minuten gehen, bevor du die Streusel darüberkrümelst.

Zum Schluss heißt es „ab in den Ofen"! Du backst den Kuchen auf der mittleren Schiene ca. 25 Minuten. Aber Achtung: Dinkelteig wird schnell trocken, deshalb solltest du nach 20 Minuten schon einmal eine Stäbchenprobe machen. Zum Servieren kannst du nach Belieben geschlagene Sahne dazureichen, aber auch pur ist er eine Wucht!

SELBER ERNTEN
macht Spaß!

Gemüse, Obst und Kräuter aus dem eigenen
Anbau - das ist natürlich, gesund und achtsam.
Ob im eigenen Beet am Haus, im Schrebergarten,
auf dem gepachteten Feld oder auch im Balkon-
kasten, den Pflanzen beim Wachsen und Gedeihen
zuzusehen ist ein schönes Gefühl.

Werden die Tomaten leuchtend rot, formen sich aus den Zucchiniblüten die ersten Früchte oder beginnt das Basilikum zu wuchern und zu sprießen, kommen Stolz und Freude auf. Du entscheidest selbst, wann du deine grünen Schätze erntest und wie du sie genießen möchtest. Hast du sie dann köstlich zubereitet auf deinem Teller liegen, sind sie wie etwas Altbekanntes, das du gehegt und gepflegt hast: Du weißt genau, wie sie als kleine Pflänzchen aussahen und wie viel Sonnenlicht, Gießwasser und menschliche Aufmerksamkeit sie so prächtig haben werden lassen. Du wirst sehen: Sie schmecken dir so viel besser als ihre blassen Verwandten aus dem Supermarkt.

Für eine ganze Reihe von Obst- und Gemüsesorten brauchst du Platz. Dazu sind also eine Gartenwiese, ein Beet oder auch ein kleines Feld nötig. Kleinwüchsigere Exemplare wie Cocktailtomaten gedeihen aber auch im Pflanzkübel auf der Terrasse oder auf dem Balkon. Besonders geeignet für kleinere Kästen und Gefäße sind Kräuter. Thymian, Majoran, Petersilie, Schnittlauch, Basilikum, Salbei oder Rosmarin lassen sich auf dem Balkon zu einem duftenden Topfgarten arrangieren. Sie geben deinem Zuhause einen Hauch von mediterranem Flair und wecken Erinnerungen an den letzten Urlaub in südlichen Gefilden.

Neben ihrem herrlichen Duft und ihrem dekorativen Aussehen haben die Kräuter im Topf natürlich auch noch einen kulinarischen Vorteil: Ohne viel Aufwand hast du immer köstliche Gewürze zur Hand, die deinen Speisen geschmacklich und optisch das gewisse Etwas geben. Frisch geerntet und verarbeitet, entfalten die Kräuter ihr Aroma am besten. Viele Gewürzpflanzen lassen sich aber auch gut konservieren, sodass du auch in der kälteren Jahreszeit nicht auf sie verzichten musst.

Getrocknete Kräuter: Schneide die Stiele und Samenstände ab, binde sie zu kleinen Bündeln zusammen und hänge diese kopfüber an einem luftigen, trockenen und schattigen Platz auf. Nach etwa vier Tagen sind die krautigen Pflanzenteile so trocken, dass du sie zwischen den Fingern zerkleinern und zum Aufbewahren in luftdichte Dosen oder Gläser füllen kannst.

Gefrorene Kräuter: Kräuter wie Petersilie, Basilikum oder Schnittlauch kannst du gut in einem Plastikbeutel einfrieren. Sie behalten auch tiefgefroren ihr Aroma.

Kräuteressig und Kräuteröl: Übergieße die Kräuterzweige oder -stängel mit hochwertigem Essig oder Öl, sodass sie bedeckt sind, und lass sie in dunklen Flaschen gut verschlossen einige Wochen ziehen. Du musst die Mischung täglich einmal kräftig durchschütteln, damit sich das Aroma entfalten kann. Für einen Liter Öl benötigst du etwa eine Handvoll Kräuter wie Thymian, Rosmarin oder Salbei.

Kräuterkissen: Auch für die Nase eine Wohltat – du kannst duftende Kissen oder Stoffsäckchen herstellen, indem du getrocknete Kräuter wie Lavendel oder Baldrian in Leinen- oder Baumwollstoff einnähst. So verbreiten die Kräuter ihren Duft im Kleiderschrank oder helfen dir abends beim Einschlafen.

Französische Kräutersuppe

Für 4 Portionen • Zubereitungszeit ca. 45 Minuten

Diese herrlich cremige Suppe lockt gleich mit mehreren Kräutern, die unterschiedliche Aromen beisteuern: Die jungen, zarten Blätter des Sauerampfers haben einen erfrischend sauren Geschmack, die Brunnenkresse gibt eine herb-pikante Note, der liebliche Kerbel bringt den Frühling auf den Tisch, und die Petersilie punktet mit ihrer altbekannten Würze.

Zutaten

- 1 Schalotte
- 150 g Sauerampfer
- 100 g Blattspinat
- 1 Bund Sellerieblätter
- 1 Bund Brunnenkresse
- 1 Bund Kerbel
- 1 Bund glatte Petersilie
- 1 kg mehlig kochende Kartoffeln
- 1 1/2 Salatgurken
- 3 El Olivenöl
- Meersalz
- 3 El Crème fraîche
- frisch gemahlener schwarzer Pfeffer

Zunächst schälst du die Schalotte und hackst sie fein. Dann kümmerst du dich um das Blattgemüse und die frischen Kräuter. Sie werden geputzt, gewaschen und trocken geschüttelt. Du kannst einige Kräuterblättchen zum späteren Garnieren der Suppe beiseitelegen. Das sieht hübsch und sehr appetitlich aus.

Anschließend schälst du die Kartoffeln und schneidest sie nach dem Waschen in Würfel. Auch die Gurken werden gewaschen, geputzt und halbiert. Nimm einen Löffel zur Hand und schabe die Kerne vorsichtig heraus. Danach kannst du die Gurken klein würfeln. In einem großen Topf erhitzt du das Olivenöl, gibst das Gemüse und die Kräuter hinein und dünstest alles mit geschlossenem Deckel ca. 2 Minuten an. Aber achte bitte darauf, dass die Zutaten nicht braun werden. Du gießt 1,5 l Wasser an, fügst die Kartoffelwürfel hinzu und schmeckst das Ganze mit Salz ab. Jetzt muss die Suppe etwa 25 Minuten zugedeckt köcheln.

Sind die Zutaten weich, kannst du die Suppe am besten mit dem Stabmixer pürieren. Rühre die Crème fraîche unter und würze noch einmal mit Salz und Pfeffer. Zum Servieren füllst du die Kräutercremesuppe in dekorative Schalen und garnierst sie mit einigen Kräuterblättchen. Dazu passt frisches, knuspriges Brot.

GRAPEFRUITWASSER
mit Rosmarin

Für ca. 500 ml • Zubereitungszeit: ca. 5 Minuten plus Kühlzeit

Nicht nur festen Speisen geben Kräuter das gewisse Etwas, auch Getränke reichern sie vollmundig an. Dieses im Handumdrehen zubereitete Grapefruitwasser begleitet dich als köstliche Erfrischung durch den Tag.

ZUTATEN

1/2 Grapefruit
1 Zweig Rosmarin
500 ml Mineralwasser
  oder Leitungswasser
Eiswürfel nach Belieben

Zunächst presst du die Grapefruit aus und fängst den Saft auf. Dann wäschst du den Rosmarin und gibst ihn in ein verschließbares Gefäß, das mindestens 500 ml fassen kann. Stoße den Kräuterzweig mit einem Stößel sanft an, damit er später sein ätherisches Öl gut an das Fruchtwasser abgeben kann.

Jetzt gießt du den Grapefruit- saft zu und füllst ihn mit Wasser auf. Du musst das Gefäß gut verschließen, bevor du es für einige Stunden oder am besten über Nacht in den Kühlschrank stellst. Ist das Wasser gut durchgezogen, kannst du es als besondere Erfrischung mit Eiswürfeln servieren.

APRIKOSENAUFSTRICH
mit Zitronenmelisse

Für 3–4 Gläser • Zubereitungszeit: ca. 20 Minuten plus Koch- und Kühlzeit

Zutaten
500 g Aprikosen • 10 Blättchen Zitronenmelisse
2 El Ahornsirup • 2 Tl Agar-Agar • Saft von 1/2 Zitrone

Basis dieses Aufstrichs sind Aprikosen. Zunächst wäschst und trocknest du sie, dann entfernst du die Steine und pürierst das Fruchtfleisch. Auch den Zitronenmelissezweig musst du zuerst unter fließendem Wasser waschen und gut trocken schütteln, bevor du die kleinen Blättchen abzupfst und fein hackst. Schnuppere mal, wie gut das duftet!

Im nächsten Schritt vermischst du 50 g des Fruchtpürees mit dem Ahornsirup, Agar-Agar, der Melisse und dem Zitronensaft. Das restliche Fruchtpüree kochst du in einem Topf auf und verrührst es danach mit der Agar-Agar-Mischung. Diese Mischung lässt du 2 Minuten sprudelnd kochen und füllst sie dann sofort in heiß ausgespülte Gläser mit Schraubverschluss. Jetzt noch fest verschließen, damit sich der Aufstrich einige Zeit hält.

Konfitüre und Kräuter?

Diese Verbindung ist ein delikates Geschmackserlebnis, wie dieser Aprikosenaufstrich zeigt. Die Zitronenmelisse, vor Jahrhunderten aus dem Orient zu uns gekommen, verfeinert mit ihrem frischen Zitrusaroma auch Süßspeisen.

ENTSPANNE & FINDE ZU DIR SELBST!

Denke bei all deinen Tätigkeiten rund um das Essen immer wieder daran, dir den Augenblick bewusst zu machen. Schon einfache kleine Atem- und Körperübungen helfen dir dabei, kurz innezuhalten, um in den Moment zurückzukehren. Schärfe deine Sinne und sei ganz bei dir.

1 FINGERYOGA:

Diese Übung kannst du im Stehen oder im Sitzen ausführen.

➲ Lege die Fingerspitzen beider Hände etwa in Höhe deines Magens vor deinem Körper zusammen. Die Daumen zeigen auf deine Brust. Achte darauf, dass du deine Schultern dabei nicht in Richtung Ohren ziehst, sondern nach unten drückst.

➲ Beim Einatmen presst du deine Fingerspitzen fest gegeneinander, und beim Ausatmen löst du die Spannung wieder. Wiederhole das Ganze etwa zehnmal und spüre, wie deine Anspannung von dir abfällt.

2 IN DIE HÖHE WACHSEN:

Diese Übung hilft dir dabei, deinen Brustkorb zu öffnen und den blockierten Atem frei fließen zu lassen.

➲ Du stehst aufrecht, deine Arme hängen locker, deine Füße sind schulterbreit geöffnet. Deine Knie sind leicht gebückt, dein Becken ist etwas nach vorne gekippt, und in den Bauchmuskeln hälst du eine leichte Spannung. Atme zunächst in dieser Haltung einige Male ruhig ein und aus.

➲ Wenn du das nächste Mal einatmest, hebst du deine Arme und bringst sie in einem Bogen über deinem Kopf zusammen und erhebst dich gleichzeitig auf die Zehenspitzen. Versuche, einige Sekunden in dieser Position zu verharren.

➲ Mit der Ausatmung löst du dich aus dieser Haltung und führst deine Arme wieder nach unten. Wiederhole diese Übung mehrmals.

3 STANDHAFT WIE EIN BAUM:

Diese Übung ist etwas anspruchsvoller, weil sie ein wenig Balance erfordert. Wichtig dafür ist eine gleichmäßige Atmung, die deinem Körper Ruhe und Gelassenheit signalisiert.

➲ Du stehst gerade, deine Füße sind geschlossen. Lass deinen Atem zunächst ruhig fließen. Deine Augen sind auf einen Punkt fokussiert.

➲ Verlagere nun dein Gewicht auf das rechte Bein, hebe den linken Fuß an und platziere ihn auf die Innenseite des rechten Oberschenkels. Dein Knie sollte dabei möglichst weit nach außen gedreht sein.

➲ Fühlst du dich in dieser Haltung sicher genug, spannst du deinen Bauch an und hebst deine Arme leicht angewinkelt über den Kopf. Bringe deine Handflächen zusammen und bleibe einige Sekunden in dieser Position, bevor du Arme und Beine wieder sanft löst. Wiederhole die Übung mit dem anderen Bein.

MIT ALLEN SINNEN GENIEßEN

Speisen nehmen wir über ihre Farben, Texturen und Formen, ihre Aromen und Düfte, auch ihre Temperaturen mit all unseren Sinnen wahr. Über die Gesamtheit deiner Wahrnehmungen erkennst du Vertrautes oder gewinnst bei Unbekanntem einen Eindruck.

Nicht nur das Empfinden, das die Speise im Mund hervorruft, spielt eine Rolle, denn der reine Geschmackseindruck dort wäre zu ungenau, um einer Speise ganz gewahr zu werden. Farben beeinflussen uns bewusst oder unbewusst. Der Zungenmuskel als Tastorgan und Temperaturfühler liefert Informationen, beim Kauen dringen Partikel und flüchtige Bestandteile in den Rachen- und Nasenhöhlenraum, wo wir die Speise olfaktorisch wahrnehmen. Deine Sinnesorgane liefern im Zusammenspiel ihre Eindrücke ans Gehirn, wo sie zu einem Gesamtbild zusammenfließen. Die Speise hat einen „Geschmack" – und du findest ihn lecker oder nicht. Ein Gericht setzt sich außerdem aus einer Vielzahl an Geschmacksrichtungen zusammen, die sich zum Teil erst nach und nach entfalten und die wir erst dann wahrnehmen.

Eine Rolle für das Gesamtbild kann zudem die Prägung in der Kindheit spielen: Hast du zum Beispiel eine bestimmte Süßigkeit immer als Belohnung bekommen? Wurde ein Gericht von einer geliebten Person für dich zubereitet? Daran hast du dann eine positive Erinnerung. Ebenso beeinflussen uns Esskultur oder Gewohnheit: Was dir über lange Zeit vertraut wurde, vermittelt dir auch heute noch Geborgenheit. Rezepte stellen sicher, dass dieser Geschmack immer wieder genauso erzeugt wird. Im Laufe unseres Lebens lernen wir viele Muster kennen, mit denen wir dann anderes vergleichen und abwägen. All das aber verstellt uns auch einen Geschmack, den wir in seiner Ursprünglichkeit und ganzen Intensität nicht mehr bewusst wahrnehmen.

Nimm Eindrücke wieder unverstellt wahr und bringe jedem deiner Sinnesorgane Wertschätzung entgegen, denn achtsam zu sein bedeutet, mit allen Sinnen zu genießen.

»*Der Mensch ist eine Sonne, seine Sinne sind seine Planeten.*«
NOVALIS

CALIFORNIA-WRAP

Für 4 Portionen • Zubereitungszeit: ca. 30 Minuten

ZUTATEN

50 g Babyspinat
1/2 Bund Koriandergrün
1 rote Zwiebel
1 Frühlingszwiebel
150 g küchenfertige und
    entdarmte Garnelen
Salz
schwarzer Pfeffer
2 El Öl
200 g Räucherlachs
2 reife Avocados, geschält
2 El Zitronensaft
4 Tortillas
120 g Frischkäse
4 El süße Chilisauce

. . . .

Treib es einmal richtig bunt! Dieser fröhlich-farbenfrohe Wrap sorgt mit all seinen Power-Vitaminen für viel frische Energie. Erst einmal lassen wir es uns von der Wärme des Backofens nicht nur ums Herz warm werden und heizen ihn auf 180 °C vor. Spinat und Korianderblätter putzt und zerpflückst du ein bisschen. Nun schälst du die Zwiebel, putzt und wäschst ihre Schwester, die Frühlingszwiebel, und schneidest beides in feine Ringe. Alles in einer Schüssel vermengen.

Wasche die Garnelen, tupfe sie trocken – Salz und Pfeffer verleihen ihnen die nötige Würze. Im erhitz-

ten Öl brätst du sie dann gar, das dauert nur etwa 8 Minuten. Nun zerzupfst du den Räucherlachs und schneidest die Avocados in Spalten – schnell mit Zitronensaft beträufeln.

Erwärme die Tortillas ungefähr 5 Minuten im Ofen, dann klappst du sie auf und bestreichst sie mit Frischkäse. Darauf kommt vom farbenfrohen Potpourri: alles. Zum Schluss träufelst du auf jeden Wrap 1 Esslöffel Chilisauce und rollst ihn zusammen: fertig! Let the Sunshine in – so viel Farbe zaubert dir direkt ein Lächeln auf die Lippen.

INFO:

Gut für dich: Die einfach ungesättigten Fettsäuren der Avocado machen sie zu einer guten Abwehrfrucht gegen Herz-Kreislauf-Erkrankungen. Außerdem enthalten sie Vitamine der B-Gruppe sowie die Vitamine E und C – viel Energie fürs Hirn und für die Nerven!

DEIN LEBEN
ist bunt

Obst- und Gemüse gibt es in fast allen Farben des Regenbogens. Die Farben geben dir Auskunft darüber, welche Inhaltsstoffe enthalten sind; diese Stoffe haben in der Natur viele Aufgaben: Sie wehren etwa Schädlinge ab und locken Insekten zur Befruchtung an, sie absorbieren UV-Licht und leiten Wärme. Uns helfen sie bei der Identifizierung und verschaffen uns einen ersten Eindruck von der Qualität. Du erkennst ungenießbare, verdorbene oder schädliche Lebensmittel, weil die Farbe von der sonst typischen abweicht: Unreifes, noch nicht Genießbares ist grün (und hart sowie säuerlich) oder Faules braun.

Die den Farben zugeschriebenen Eigenschaften und Wirkungen ergeben sich aus Erfahrungen, Überlieferungen und Verallgemeinerungen, je nach Kulturkreis unterschiedlich. Die gleiche Farbe wirkt immer wieder anders, abhängig von Nuance, Kontext oder Farbkombination und Betrachter. Grundsätzlich wirken Farben auf deine kognitiven, physischen und emotionalen Empfindungen und

lösen etwas in dir aus. Beobachte dich einmal selbst, wie eine Farbe deine Stimmung und sogar deinen Geschmack beim Verzehr eines Lebensmittels beeinflusst! Wohl verknüpft jeder mit einer Farbe eigene Assoziationen, manche Verknüpfungen und Effekte aber werden häufig übereinstimmend genannt: So etwa stimmen Rot, Gelb oder Orange positiv und wirken aktivierend, helles Blau, Türkis und Grün wirken erfrischend und kühlend, Violett eher samtig und beruhigend. Du kannst dir die Wirkung von Farben gut zunutze machen: Ist es draußen dunkel und kalt, umgib dich mit warmen Farben mit hohem Gelbanteil – und dir wird förmlich warm ums Herz, du bist guter Laune. Im heißen Sommer vermitteln dir frische Farben mit hohem Blauanteil das Gefühl von Kühle. Finde für dich heraus, welche Farbe dich ganz persönlich wärmt, erfrischt, beruhigt, fröhlich macht …

ES IST HEILSAM, SICH MIT FARBIGEN DINGEN ZU UMGEBEN. WAS DAS AUGE FREUT, ERFRISCHT DEN GEIST, UND WAS DEN GEIST ERFRISCHT, ERFRISCHT DEN KÖRPER.

Prentice Mulford

WIE FARBEN WIRKEN

Übung 1:
SÜß, SEHR SÜß, SUPER SÜß?

Kaum zu glauben: Die Farbe einer Verpackung oder eines Geschirrs beeinflusst unseren Geschmack – mach den Test! Eine rosa Süßspeise schmeckt wegen des stärkeren Farbkontrasts auf weißen Tellern süßer als auf schwarzen. Serviere deinen Gästen vom gleichen Himbeer-Cheesecake (siehe Seite 94/95) zunächst eine Mini-Portion auf weißen Tellern, dann eine auf schwarzen Tellern. Dann fragst du sie, welche Portion ihnen besser geschmeckt hat und warum.

Übung 2:
HEUTE FÜHL' ICH MICH MAL KRÄUTERGRÜN!

Koche einmal nach Farben: Wähle die Zutaten für ein Gericht aus einer Farbgruppe aus. Wie wäre es einmal mit grünem Spargel und grünem Kräuterpesto oder Radicchio-Rote-Bete-Salat? Schon der Einkauf wird zum Erlebnis, und du wirst staunen, wie deine Sinne geschärft und deine Kreativität für die Zubereitung geweckt werden. Tauche mit der farblich passenden Deko ganz in diese Farbwelt ein und lass dich stimulieren. Farben und ihre Eigenschaften findest du ab Seite 96 - oder entscheide dich einfach für deine Lieblingsfarbe.

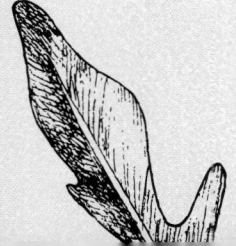

HIMBEER-CHEESECAKES

Für 6 Gläser à 220 ml (6 Portionen) • Zubereitungszeit: ca. 30 Minuten plus Backzeit

Zutaten

- 60 g weiche Butter
- 100 g Mehl
- 50 g Rohrzucker
- 1 Prise Salz
- 20 g Kakaopulver
- 1 1/2 Tl Backpulver
- 3 Eier (Größe S)
- 500 g Quark
- 80 g weißer Zucker
- 100 g Himbeeren
- 50 g dunkle Schokotröpfchen

Heize deinen Backofen auf 160 °C vor. Gib für den Teig Butter, Mehl, Rohrzucker, Salz, Kakaopulver, 1/2 Teelöffel Backpulver und 1 Ei in eine Schüssel und knete alles – jawohl – mit den Händen zu einem gleichmäßigen Schokoladenteig. Davon haben wir schon als Kinder geträumt … Den Teig verteilst du gleichmäßig auf die sechs Gläser und drückst ihn leicht an.

Für die Creme verquirlst du den Quark mit 1 Teelöffel Backpulver, weißem Zucker und den restlichen 2 Eiern gleichmäßig mit einem Handmixer. Die feine Creme verteilst du in zwei Schüsseln im Verhältnis ein Drittel zu zwei Dritteln.

Die geputzten Himbeeren mischst du unter die kleinere Quarkmenge und zerdrückst sie mit einer Gabel so lange, bis sich die Creme wunderschön rosa färbt. Nun hebst du noch die Schokoladentröpfchen unter die weiße Quarkcreme.

Gib in die Gläser in zwei Schichten: zuerst die Schokoladenmasse, dann den Himbeerquark. Fülle die Gläser aber maximal nur zu zwei Dritteln, da sie sonst im Backofen überquellen. Verschließe sie mit den Einweckgummis, Glasdeckeln und Clips und backe deine Cheesecakes ca. 25 Minuten. Dann lässt du sie auf einem Gitterrost auskühlen. Es macht Freude, die kleinen Gläschen in Reih und Glied zu sehen und mit dekorativen Bändern zu schmücken! Serviere sie so deinen Freundinnen, die Glas und Rezept mitnehmen dürfen, oder nimm die Küchlein als Gastgeschenk zu Besuchen mit. Oder mach mit deinen Gästen einmal den kleinen Geschmackstest von Seite 93 (Übung 1) – wetten, die Überraschung ist nach der Auflösung groß!

KLEINE FARBENLEHRE

ROT

Woran denkst du bei der Farbe Rot? Wie du verbinden viele mit Rot Liebe und Leidenschaft, Feuer, Energie, Dynamik, auch Glück, Lebensfreude, Tatkraft und Mut. Rot wirkt lebendig, warm, kraftvoll, anregend, es stärkt Antrieb und Selbstbewusstsein. Rot kann auch als Warnsymbol, etwa vor großer Schärfe, stehen.

Wir verbinden mit Rot Geschmackseindrücke wie fruchtig und reif (etwa saftige Erdbeeren, Himbeeren oder Kirschen) oder aber scharf (wie Paprika oder Chilischoten). Die hellere Schattierung Rosa – sie steht für Geborgenheit, Sanftmut und Empathie – lässt uns an etwas sehr Süßes, Cremiges und Weiches (wie etwa in zuckerhaltigen Nachspeisen mit Sahne und Früchten) denken.

Für die Farbgebung unter anderem in Beeren, Rotkohl oder roten Zwiebeln sind die sekundären Pflanzenstoffe der Anthocyane verantwortlich; sie können als Fänger freier Radikale, also von Mole-

külen, die unsere Zellen schädigen, und damit schützend für Gefäße und Gewebe wirken. Diese Wirkung wird auch dem vor allem in Tomaten vorkommenden Lycopin, einem Carotinoid (Carotinoide sind fettlösliche Pflanzenpigmente) zugeschrieben; je reifer die Tomaten und je stärker sie verarbeitet werden, desto besser kann der Körper das Lycopin aufnehmen.

GELB & ORANGE

Die Farbe Gelb symbolisiert für viele Sonne, Optimismus und steht, je nach Nuance, für Reife (warmes Gelb) oder Saures (leuchtendes oder helles Gelb). Orange steht für Energie, Fröhlichkeit und Geselligkeit. Gelb wirkt erheiternd, leuchtend, es weckt die Lebenslust, fördert Konzentration, Nervenstärke, Kreativität und Kommunikationsfreude. Dunkles Gelb und Orange wirken warm und weich auf die Seele, sie stimmen uns optimistisch und lassen uns an den Sommer denken. Wie wirken die Farben auf dich?

Bei Früchten und Gemüse verbinden wir mit leuchtendem, hellem Gelb Saures oder Säuerliches wie Zitronen, mit warmem Gelb sehr Fruchtiges wie Ananas, Melonen oder reife Bananen von natürlicher Süße, mit Orange sehr warme, vollmundig-süße Aromen wie von Karotten oder Aprikosen.

Für die Farbgebung sind sekundäre Pflanzenstoffe wie die Carotinoide (in Karotten, Kürbis, Mango, Aprikosen, Sanddorn, Zitrusfrüchten, auch in Hummer und Garnelen), Zeaxanthin (in Mais) oder Curcumin (in Kurkuma) verantwortlich. Sie wirken oxidativen Veränderungen entgegen und unterstützen die körpereigene Abwehr; beim Kochen bleiben sie farbstabil. Nahrungsmittel aus orangen Gefäßen schmecken übrigens vermeintlich intensiver als aus andersfarbigen Gefäßen.

GRÜN

Grün ist die Farbe der Natur und des Lebens, des Neubeginns, der Hoffnung, des Frühlings und der Harmonie. Grün wirkt ausgleichend, vitalisierend, regenerierend für Körper, Geist und Seele; es bringt den Geist in Balance und macht zufrieden.

Welche Grün-Schattierungen fallen dir spontan ein? Sie reichen von lichtem Hellgrün bis zu dunklem Blaugrün. Der Geschmack grüner Obst- und Gemüsesorten wie Kiwi, Bohnen, Erbsen, grünem Salat, grünem Spargel, Spinat oder Mangold, Zucchini und Kräutern von Basilikum über Minze bis zu Salbei kann ein ganzes Spektrum von beinahe wässrig-neutral bis sauer, herb oder leicht bitter umfassen.

Für die Farbgebung von Grün ist der Farbstoff Chlorophyll verantwortlich, er verhilft Pflanzen – vereinfacht –, aus Wasser, Kohlendioxid und Licht Kohlenhydrate zu bilden. Nährstoffreiche grüne Gemüsesorten stärken mit ihren Vitaminen, Mineralstoffen und Spurenelementen deine Abwehrkräfte und fördern die Verdauung. Getränke aus grünen Gläsern empfinden wir als ausgesprochen erfrischend.

VIOLETT

Violett oder Blau kommen relativ selten in der Natur und eben auch bei Obst oder Gemüse vor. Violett gilt für viele eher als Farbe der Kirche, aber auch der Extravaganz und Sünde. Die Farbe, deren Spektrum von einem beinahe schwarzen Aubergineton über leuchtendes Lavendel bis zu einem zarten Fliederton reicht, stärkt das innere Gleichgewicht und unterstützt meditative Prozesse; sie kann Ruhe und Entspannung, die Versenkung nach innen und die Inspiration fördern.

Mit der Farbe von Pflaumen, Heidelbeeren, Auberginen, Radicchio oder Roter Bete assoziieren wir etwas Vollfruchtiges, Schweres, Samtiges, vielleicht auch Bitteres.

Der Farbton ist ebenfalls überwiegend den sekundären Pflanzenstoffen der Anthocyane zu verdanken, die entzündungshemmend wirken; die Inhaltsstoffe schützen Haut und Blutgefäße vor Alterung. Du kannst die intensive Farbe violetter Früchte oder Gemüsesorten zum Färben heller Zutaten wie Dips, Cremespeisen oder Tortenfüllungen verwenden.

ERDBEERKUCHEN
klassisch

Für 12 Stücke (1 Springform von 26 cm Ø) • Zubereitungszeit: ca. 20 Minuten
plus Backzeit und Zeit zum Abkühlen

ZUTATEN

4 Eier (Klasse L)
1 Prise Salz
100 g Butter
90 g Birkenzucker
Mark von 1 Vanilleschote
50 g Kokosmehl
50 g Haselnussmehl
2 1/2 Tl Weinsteinbackpulver
500 g Erdbeeren
1 P. Tortenguss

Außerdem:
Butter und Kokosmehl für die Form
200 ml Sahne
Birkenzucker zum Süßen der Sahne

Jedes Frühjahr sehnen wir die Erdbeerernte herbei und freuen uns auf die roten, prallen Früchte, deren Anblick schon gute Laune macht. Und die selbst gepflückten schmecken am besten. Sie werden nur zu gern einfach so, im Erdbeerquark oder auf dem Lieblingskuchen vernascht. Wähle eine Tortenplatte, von der dir die Erdbeeren frisch und fruchtig entgegenleuchten!

Für den Erdbeerkuchen „wie von Muttern" heizt du den Backofen auf 160 °C vor. Fette eine Springform gut und stäube sie mit etwas Kokosmehl aus. Trenne die Eier und schlage das Eiweiß mit dem Salz zu einem sehr steifen Schnee. Die Butter zerlässt du in einem Topf und lässt sie etwas abkühlen. Rühre das Eigelb mit der Butter, dem Birkenzucker (siehe Infos Seite 111), dem Vanillemark und 6 Esslöffeln heißem Wasser weißcremig.

Vermische die Mehle und das Backpulver und rühre sie unter die Eigelb-Butter-Mischung. Unter diesen glatten Teig hebst du den Eischnee, so wird ein luftiger Tortenboden draus. Den Teig streichst du in der Form glatt und backst ihn etwa 35 Minuten. Wenn der Tortenboden in der Form vollständig abgekühlt ist, setzt du ihn auf deine Tortenplatte.

Verteile die geputzten Erdbeeren nun auf dem Tortenboden – wähle vollrote und reife, aber nicht zu weiche Früchte. Stelle den Tortenguss nach Packungsangabe her und überziehe die Erdbeeren glänzend damit. Die Sahne schlägst du mit etwas Birkenzucker steif und reichst sie dazu. Von diesem Klassiker können wir nie genug bekommen!

GLASIERTER LACHS
mit Gewürzkarotten

Für 4 Portionen • Zubereitungszeit: ca. 30 Minuten

Zutaten

- 500 g Karotten
- 4 El Olivenöl
- 2 El Honig
- 1 El Dijonsenf
- 2 El Limettensaft
- 4 Lachsfilets (à ca. 150 g)
- Salz
- schwarzer Pfeffer
- 1/2 Tl gemahlener Koriander
- 1/4 Tl Kreuzkümmel
- 1 Prise Zimtpulver
- 3 El grob gehackte frische Minze
- 4 El Mandelblättchen
- 1 Ciabatta

Putze die Karotten und hobele sie in hauchdünne Scheiben. Dann erhitzt du in einer Grillpfanne 1 Esslöffel Olivenöl und röstest sie darin kurz an. Dünste die Karotten bei mittlerer Hitze 3–5 Minuten, bis sie beginnen, weich zu werden – das Schöne ist: Sie behalten ihre leuchtend orange Farbe auch bei der Zubereitung.

Dann verrührst du 2 Esslöffel Olivenöl mit dem Honig, Senf und 1 Esslöffel Limettensaft in einer kleinen Schüssel. Verwende möglichst natives Oli-venöl extra aus kontrolliert biologischem Anbau – es sollte dir schon „pur" gut schmecken; beim Kauf auf dem Markt oder im Bioladen hast du oft die Gelegenheit zu verkosten. Die gewaschenen Lachsfilets tupfst du trocken und wendest sie in der Sauce.

Schiebe nun die Karotten an den Pfannenrand und lege den Fisch in die Mitte – er leuchtet mit den Karotten farblich um die Wette und macht so richtig Lust aufs Essen. Würze den Lachs mit Salz und Pfeffer und brate ihn auf beiden Seiten etwa 7 Minuten goldbraun.

In einer Schüssel verrührst du das restliche Olivenöl und den Limettensaft, gib Gewürze, Minze und Mandelblättchen zu. Nimm den Lachs aus der Pfanne und stelle ihn warm. Die Gewürzsauce gießt du über die Karotten, schwenkst alles kurz durch und schmeckst noch einmal ab. Serviere die Karotten zum Lachs – freu dich an den warmen, fröhlichen Farben auf deinem Teller und lass dich von den sinnlichen Gewürzen des Orients verzaubern! Genieße achtsam, Bissen für Bissen. Wer mag, isst knuspriges Ciabatta dazu.

INFO:

Der Wirsing, ursprünglich ein Wintergemüse, beschenkt uns heute das ganze Jahr über mit reichlich Vitamin C. Dabei hat der Kohl kaum Kalorien. Du kannst ihn an einem kühlen Ort 2 Wochen lagern oder die blanchierten Blätter einfrieren.

SEELACHS
auf Rahmwirsing

Für 4 Portionen • Zubereitungszeit: ca. 20 Minuten plus Garzeit und Zeit zum Ziehen

ZUTATEN

700 g Wirsing
Salz
1 Zwiebel
2 El Butter
60 ml Weißwein
200 ml Geflügelfond
300 ml Sahne
800 g Seelachsfilet
1 unbehandelte Limette
schwarzer Pfeffer
Muskatnuss

Grün ist die Hoffnung – und deine Hoffnung auf eine besonders köstliche Mahlzeit wird hier aufs Beste erfüllt! Entferne die äußeren Blätter des Wirsings, viertele den Kohl und schneide den Strunk heraus. Löse die Blätter ab und schneide alle dicken Stiele heraus. Dann blanchierst du die Blätter in reichlich kochendem, kräftig gesalzenem Wasser – so werden sie nicht nur weich, sondern behalten ihre herrliche grüne Farbe. Nur noch abgießen, abschrecken, abtropfen lassen und in Streifen schneiden. Das meiste hast du schon geschafft!

Schäle die Zwiebel und schneide sie in feine Würfel. Erhitze die Butter in einem weiten Topf und dünste die Zwiebel darin 2–3 Minuten an. Dann löschst du mit Weißwein ab und füllst mit Fond und Sahne auf. Bei mittlerer Hitze in ca. 25 Minuten auf die Hälfte einkochen ... das sieht schon richtig lecker aus. Den Seelachs wäschst du und tupfst ihn trocken, so, nun nur noch rundum salzen und pfeffern. Dann schneidest du die grün glänzende Limette, die sich so glatt und fest anfühlt, in acht dünne Scheiben.

Gib den Wirsing in die eingekochte Sauce, rühre um und schmecke mit Salz, Pfeffer und Muskat ab. Den Seelachs setzt du auf den Wirsing und bedeckst ihn mit den Limettenscheiben: ein Augenschmaus. Wirsing und Limette in ihrem Farbenspiel fügen sich zu einem harmonischen Ganzen. Der Lachs zieht zugedeckt bei milder Hitze in 6–8 Minuten gar. Intensive Aromen, ähnliche Texturen – schmeckt himmlisch.

ROTE-BETE-QUICHE

Für 1 Quicheform von 26 cm Ø • Zubereitungszeit: ca. 30 Minuten
plus Back- und Kühlzeit

Zutaten

Für den Teig:
125 g Butter
250 g Mehl
1 Ei
1 Tl abgeriebene Schale
  von 1 unbehandelten
  Zitrone
1/2 Tl Salz

Für Belag und Guss:
700 g Rote Bete
2 Bund Schnittlauch
1 Tl abgeriebene Schale
  von 1 unbehandelten
  Zitrone

Salz
schwarzer Pfeffer
Kümmel
100 g Walnusskerne
100 g Schmand
100 g saure Sahne
3 Eier
125 g Schafskäse

Außerdem:
Mehl für die Arbeits-
  fläche
Butter für die Form

Für den Teig verknetest du alle Zutaten zügig miteinander und lässt ihn in Folie gewickelt ca. 1 Stunde
im Kühlschrank ruhen. Nun kannst du ganz in Ruhe
alles Weitere vorbereiten: Während der Backofen
auf 180 °C vorheizt, kümmerst du dich um die Rote
Bete: Wasche und schäle sie, dann raspelst du sie
– am besten mit Handschuhen – auf der Gemüse-
reibe. Die Handschuhe kannst du wieder ausziehen,
wenn du den Schnittlauch wäschst, trocken tupfst

und in Ringe schneidest. Vermenge beides in einer
Schüssel mit Zitronenschale, Salz, Pfeffer, etwas
Kümmel und der Hälfte der grob gehackten Wal-
nüsse für den Knusperbelag.

Für den Guss verquirlst du den Schmand mit der
sauren Sahne und den Eiern, salze und pfeffere
nach deinem Geschmack. Für die Streusel hackst
du die restlichen Walnüsse fein und zerkrümelst
den Schafskäse mit den Händen: Das klappt prima
und geht mit dem bröckeligen Käse wie von allein.

Rolle den Teig so aus, wie es für dich bequem ist
und am besten gelingt. Denke nicht über eine mit
Mehl bestäubte Küche nach, denn es geht allein
um dich und deine leckere Quiche! Rolle den Teig
auf der bemehlten Arbeitsplatte aus und fette die
Quicheform mit Butter ein. Nun drückst du den
Teig in die Form und stichst den Boden mit einer
Gabel mehrfach ein. Verteile die Rote-Bete-Mi-
schung darauf, dann kommen der Guss drüber und
die Streusel drauf. Backe deine Quiche auf der mittleren Schiene ca. 50 Minuten. Am besten deckst du
sie nach ungefähr 35 Minuten lose mit Alufolie ab,
damit die Streusel nicht zu dunkel werden.

Was für ein Farberlebnis, wenn die Quiche angeschnitten wird! Spannend: Knuspriger Boden, weiche Bete, würziger Käse und knusprige Nüsse machen die Mahlzeit zum Erlebnis für alle Sinne.

WIE SCHMECKT ES DIR?

Wir unterscheiden die Geschmacksrichtungen salzig, süß, sauer, bitter und umami. Wie gelingt uns das überhaupt?

Jeder Geschmack wird in allen Bereichen deiner Zunge wahrgenommen, Spitze und Randbereiche sind aber empfindlicher als die Mitte. Auf Zunge, Gaumen und Kehldeckel sitzen Papillen mit Geschmacksknospen, darin wiederum befinden sich Sinneszellen. Speichel löst die Inhaltsstoffe aus Speisen, sie reizen diese Rezeptoren; Botenstoffe transportieren die Reize ans Gehirn, wo ein biochemischer Reflex ausgelöst wird: Isst du etwa Schokolade, kommt es zur Ausschüttung von Endorphinen. Duft, Farbe, Textur, Gewicht, Form, Konsistenz und Temperatur komplettieren dein Geschmacksbild. Sogar das Geräusch beim Kauen trägt zum Gesamteindruck bei.

Du bist einzigartig

Deine Gen-Ausstattung für Geschmack ist mit der keines anderen Menschen zu vergleichen, jeder nimmt einen Geschmack anders wahr. Was uns verbindet, ist die positive Wahrnehmung von Süßem: Wir assoziieren es mit natürlichen Kohlenhydraten wie in reifen Früchten und Honig, die uns mit lebenswichtiger Energie versorgen – es gibt kaum ungenießbare süße Lebensmittel. Süßes wird im vorderen Zungenbereich deutlich wahrgenommen. Das Erfassen von „bitter" und „sauer" dient uns oft als Schutz, es wird intensiv empfunden und zwar vor allem im hinteren Zungenbereich. Wir verbinden beides in extremer Ausprägung auch mit Verdorbenem oder Unreifem, gar Giftigem, und haben instinktiv eher eine Abneigung dagegen. Die Geschmacksrichtung umami (würzig-herzhaft wie in Fleisch) zeigt uns Proteinquellen an.

Aktuell wird untersucht, ob fettig, alkalisch, metallisch und wasserartig auch als Geschmack gelten können. Durch immer gleiche Speisen kannst du dich an eine Geschmacksrichtung so gewöhnen, dass du sie nicht mehr bewusst wahrnimmst. Überfrachtest du deine Speisen aus Gewohnheit mit immer mehr Gewürzen (oder künstlichen Stoffen), „verlernst" du nach und nach das graduelle Empfinden und das differenzierte Schmecken.

Achtsames
SCHMECKEN

Richte deine Aufmerksamkeit auf Mund und Zunge - erlebe Geschmack.
Nimm ein kleines Stück Zitrone oder saure Orange in den Mund: Wie
fühlt sich das an - zieht sich deine Zunge zusammen? In welchem Bereich der Zunge empfindest du besonders intensiv
etwas? Wie stark ist die Säure - versuche es einmal zu
beschreiben! Welches Aroma oder welche Aromen nimmst
du noch wahr? Warte einen Moment: Vereinen sich die
Aromen? Was empfindest du dabei: Ist das für dich angenehm oder ist es zu sauer? Bewege die Zunge, kaue:
Verändern sich der Geschmack oder der Säuregrad?
Kommt dir der Geschmack vertraut vor, bei welcher
Gelegenheit hast du ihn erfahren? Wie würdest du
ihn abschließend beschreiben und möchtest du ihn
wiederschmecken?

TIPP:

An Gewürze gewöhnen wir uns und nehmen sie mit der Zeit immer weniger
intensiv wahr – wir verwenden immer mehr und neigen am Ende dazu zu überwürzen.
Das lässt uns den Geschmack des Gerichts nicht mehr unverfälscht wahrnehmen,
überdies ist es nicht bekömmlich. Reduziere einmal für eine Weile deutlich Zucker und
Salz in deiner Ernährung, und du wirst erleben: Danach reichen dir geringere Mengen
davon, und du nimmst wieder mehr Geschmacksnoten eines Gerichts deutlich wahr.

BARSCHFILET
mit Dillkartoffeln

Für 4 Portionen • Zubereitungszeit: ca. 25 Minuten plus Garzeit

ZUTATEN

800 g festkochende Kartoffeln
Saft von 4 Zitronen
350 g Rot- oder Goldbarschfilet
Kräutersalz
schwarzer Pfeffer
2 Schalotten
1 Bund Dill
300 g Kräuterseitlinge
2 El Bratöl

Heize den Backofen auf 180 °C vor und koche die Kartoffeln in wenig Wasser bei geschlossenem Deckel ca. 20 Minuten. Lass sie abkühlen, dann pellst du sie und schneidest sie in Scheiben.

Presse die Zitronen aus. Dann wäschst du das Fischfilet, tupfst es trocken und beträufelst es mit etwas Zitronensaft. Salze und pfeffere zurückhaltend, damit du den Eigengeschmack des Fisches beim Essen genießen kannst. Schäle die Schalotten, schneide sie in feine Ringe und verteile sie auf dem Fisch. Hacke den gewaschenen Dill und streue zwei Drittel davon über den Fisch. Dann packst du den gewürzten Fisch in Alufolie ein – gut verschließen und im Backofen ca. 15 Minuten backen.

Die Kräuterseitlinge putzt und viertelst du. Brate die Kartoffelscheiben im erhitzten Öl in einer Pfanne bei mittlerer Hitze an. Dann gibst du die Kräuterseitlinge dazu und lässt sie 3–4 Minuten mitbraten. Schmecke mit wenig Pfeffer, Salz und Zitronensaft ab und streue den restlichen Dill darüber. Serviere das Fischpäckchen aus dem Ofen zu den Dillkartoffeln.

Genieße dein Fischgericht mit Achtsamkeit: Sitze bequem, lege die Hände auf deinen Bauch und atme dreimal tief ein, aus. Nun bist du ganz bei dir. Öffne das Päckchen mit dem Fisch und schenke deine Aufmerksamkeit dem ersten Eindruck. Koste den Fisch: Wo nimmst du seinen Geschmack im Mund zuerst wahr? Wende dich im Wechsel dem Geschmack des Fisches, dem der erdigen Pilze und der Kartoffeln mit ihren Röstaromen zu. Freue dich daran, wie sich Gutes aus dem Wasser und aus der Erde für dich einträchtig zu einem Gericht vereint hat.

DAS SALZ DER ERDE

Gewürze, mit Bedacht eingesetzt, verleihen jedem Gericht das gewisse Etwas. Gewürze regen auch den Appetit an oder zügeln ihn, sie stimulieren Geschmacks- und Geruchssinn. Schon geringe Abweichungen in der Dosierung können andere Ergebnisse erzeugen. Salz ist als Gewürz unersetzlich und fehlt in kaum einem Gericht, nicht einmal in süßen Speisen. Es hebt den Geschmack, erhöht die Kochtemperatur von Wasser und konserviert etwa Gemüse. Salz ist für den Flüssigkeits- und Mineralstoffhaushalt und damit die Funktion deines Körpers unerlässlich. Es gibt unterschiedliche Arten:

	Tafelsalz, Koch- oder Speisesalz	Stein- und Meersalz	Fleur de Sel
Vorkommen:	besteht aus Stein- oder Meersalz	aus dem Meer, Steinsalz war Meersalz und lagert seit Jahrmillionen in tiefen Gesteinsschichten	Salzgärten in Südfrankreich, Portugal, Spanien
Gewinnung/ Verarbeitung:	wird in feine Kristalle zermahlen und stark raffiniert	Meerwasser wird in Salzgärten und Salinen mithilfe von Hitze und Wind gewonnen, Steinsalz als Sole ausgewaschen und die Sole gekocht. Beide Salze werden raffiniert.	durch Wind und Hitze, Salzblüten werden per Hand abgeschöpft
Bestandteile:	Natriumchlorid (mögliche Zusätze: Kalziumkarbonat, Jod, Fluor, Folsäure)	Natriumchlorid, geringe Mengen anderer Bestandteile, die zum Beispiel färben (Himalaya-Salz etwa ist durch Eisenoxid rosa)	Natriumchlorid, viele Mineralien und Spurenelemente
Beschaffenheit/Farbe/Geschmack:	reinweiß		von grob bis fein; weiß, grünlich, grau; mild, knusprig

ZITRONENSALZ

Schäle von 1 heiß gewaschenen und abgetupften unbehandelten Zitrone die Schale in feinen Zesten ab und breite sie auf einem Blech mit Backpapier aus. Trockne sie im auf 80 °C vorgeheizten Backofen in ca. 20 Minuten. Drittele 4 getrocknete rote Chilis quer, mische sie und die Zesten mit 140 g grobem Meersalz. Kühl, trocken und in verschlossenen Gläsern hält das Salz bis zu 6 Monate.

ZUCKERSÜB

Zucker ist Saccharose in Kristallform, er süßt Speisen und unterstützt die Eigenaromen darin. Zunächst überwiegend aus Zuckerrohr gewonnen, kann Zucker seit Mitte des 18. Jahrhunderts auch aus Zuckerrüben hergestellt werden. Unser Körper verwandelt Zucker in Glukose (Traubenzucker), die als Energielieferant dient; ein Überschuss an Zucker wird als Fett im Körper eingelagert. Zucker begegnet dir täglich in Verlockungen wie etwa Schokolade, aber oft auch unerkannt in vielen anderen Produkten wie Limonaden oder Saucen. Jeder kennt das heiße Verlangen nach Zucker! Raffinierter Industriezucker aber tut uns nicht gut: Er macht uns abhängig und besteht einzig und allein aus Kohlenhydraten, keinerlei Ballaststoffen oder anderen wertvollen Vitalstoffen. Zu seiner Verarbeitung verbraucht unser Körper andere wertvolle Energiereserven. Beobachte dich einmal selbst und du wirst merken, wie müde und antriebslos du nach unmäßigem Zuckergenuss bist. Zucker schwächt zum Beispiel unser Immunsystem, er macht uns anfällig für Diabetes, schädigt die Zähne und die Darmflora. Es gibt tolle Alternativen in Form natürlicher Süßungsmittel (siehe unten) mit geringerem Kohlenhydratgehalt, aber spannenden Eigenaromen zu entdecken. Entscheide für dich!

Zuckerarten

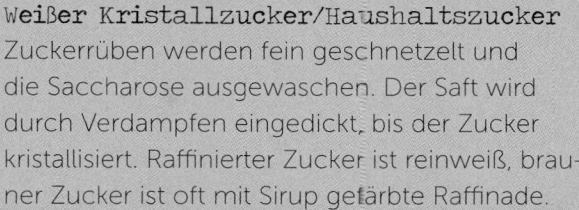

Weißer Kristallzucker/Haushaltszucker
Zuckerrüben werden fein geschnetzelt und die Saccharose ausgewaschen. Der Saft wird durch Verdampfen eingedickt, bis der Zucker kristallisiert. Raffinierter Zucker ist reinweiß, brauner Zucker ist oft mit Sirup gefärbte Raffinade.

Kandis (weiß oder braun)
Aus konzentrierter Zuckerlösung werden langsam grobe Stücke herauskristallisiert. Brauner Kandis entsteht aus karamellisierter Zuckerlösung.

Vollrohrzucker
Gefilterter Zuckerrohrsaft wird unter Erhitzen und Rühren eingedickt, die starre Masse gemahlen. Große Mengen an Melasse machen Vollrohrzucker leicht malzig; außerdem sind Mineralstoffe, Magnesium, Kalzium und Eisen enthalten. Teilweise raffinierter Vollrohrzucker oder Muscovado-Zucker ist hell- bis dunkelbraun.

Palmzucker
Der Saft von Palmblüten wird zu Sirup gekocht, und dieser erstarrt. Aufgrund seiner dezenten, leicht karamellartigen Süße eignet sich Palmzucker gut für herzhafte Gerichte.

Alternative Süßungsmittel

➤ **Ahornsirup:** karamellisierter Saft des Zuckerahorns, leicht malzig ➤ **Honig (rein, nicht erhitzt):** reich an Vitaminen, Spurenelementen und Mineralien ➤ **Pflanzendicksäfte aus Agave, Apfel, Birnensaft und anderen:** Fruchtzucker sind weniger süß. ➤ **Rübensirup:** eingedickter Rübensaft, enthält Mineralstoffe und Vitamine, leicht malzig ➤ **Stevia:** aus Süßkraut/Stevia (in Pulverform), hat kaum Kalorien, aber eine intensive Süße ➤ **Xylit (Birkenzucker):** natürlicher Zuckeralkohol in vielen Früchten, Gemüsesorten sowie Birkenrinde oder Maisspindeln, Geschmack und Süßkraft von Saccharose bei geringerem Nährwert

SCHWEINEFILET
mit Cranberrys

Für 4 Portionen • Zubereitungszeit: ca. 40 Minuten plus Garzeit

ZUTATEN

700 g Schweinefilet
Salz
schwarzer Pfeffer
50 g getrocknete
  Cranberrys
2 Zweige Rosmarin,
  gewaschen und
  trocken geschüttelt
4 Schalotten
1 Knoblauchzehe

600 g Steinpilze
2 El Olivenöl
200 ml Weißwein
100 ml Hühnerbrühe
100 ml Sahne
2 El Crème fraîche
2 El frisch gehackte
  Petersilie
3–4 El dunkler Rüben-
  sirup

Das Schweinefilet hast du beim Metzger deines Vertrauens gekauft – es sollte aus artgerechter Haltung stammen und bei der Zubereitung zart und saftig bleiben. Wasche es und tupfe es trocken, dann schneidest du es der Länge nach weit ein, aber nicht durch. Schweinefleisch hat einen recht milden Eigengeschmack und verträgt darum Würze – aber du entscheidest, wie intensiv du es (aufgeklappt) rundum salzen und pfeffern möchtest! Die Cranberrys setzen geschmacklich einen fein säuerlichen Akzent, hacke sie und verteile sie auf dem Filet, dann klappe es wieder zu. Den Rosmarin legst du auf das Fleisch und fixierst alles mit Küchengarn.

Nun schälst und hackst du die Schalotten und den Knoblauch – sie verleihen dem Gericht ebenfalls Würze, die gut mit der nussigen Note der Steinpilze harmoniert. Putze die Pilze und schneide sie in Scheiben.

Erhitze das Olivenöl in einem Bräter und brate das Fleisch darin ca. 6 Minuten rundum an: Die feinen Röststoffe tragen zum aromatischen Gesamteindruck bei. Nimm das Fleisch aus dem Bräter und brate Schalotten, Knoblauch und Steinpilze darin ca. 3 Minuten unter Rühren an. Dann gibst du das Fleisch wieder hinein und gießt Weißwein und Hühnerbrühe an. Schmore alles bedeckt bei mittlerer Hitze ca. 20 Minuten. Nimm das Fleisch aus dem Bräter, entferne den Rosmarin, tupfe das Filet etwas ab und halte es warm.

In den Pfanneninhalt rührst du zum Binden und zur cremigen Abrundung Sahne und Crème fraîche. Schmecke nochmals ab und köchle alles weitere 5 Minuten, dann erst rührst du die Petersilie ein. Glasiere das Fleisch mit erwärmtem Rübensirup und serviere es mit der Steinpilzsauce. Dazu schmecken Schupfnudeln, deren Aromen der herzhaften Würze und dem herb-süßen Ton des Pfannengerichts den Vortritt lassen.

TIPP:

Krause und glatte Petersilie, Wurzelpetersilie – wähle deine Favoritin: Glatte Petersilie ist weniger intensiv als krause, mitgegarte Petersilie milder als frisch gehackte. Das Aroma von Wurzelpetersilie liegt zwischen Petersilie, Pastinake und Sellerieknolle, mit ihr werden Suppen und Saucen verfeinert.

CHILIHÄHNCHEN

in Kakaomarinade

Für 8 Portionen • Zubereitungszeit: ca. 15 Minuten plus Garzeit

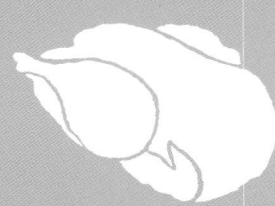

ZUTATEN

Für die Hähnchen:

2 Brathähnchen (à 1,2 kg)
1 1/2 Tl Chilipulver
1 1/2 Tl getrockneter Oregano
1 1/2 Tl Kakaopulver
5 El Öl
3 El Sojasauce
Salz

Für das Chiliöl:

1–2 Chilischoten
100 ml Erdnussöl

Schneide die Hähnchen in je vier Teile. Mische das Chilipulver mit Oregano, Kakaopulver, Öl, Sojasauce und etwas Salz in einer Schüssel. Süß + scharf = lecker – schließlich würzten schon die Mayas ihren Kakao mit Chili! Die Hähnchenteile pinselst du mit der Mischung sorgfältig ein und gibst sie in einen Gefrierbeutel. Gut verschlossen mariniert das Hähnchen darin über Nacht im Kühlschrank.

Am nächsten Tag heizt du den Backofengrill auf 250 °C mit Grillstufe vor und grillst die Hähnchen darunter etwa 45 Minuten, wende sie mehrmals und bestreiche sie immer wieder mit Marinade.

In den letzten 20 Minuten lässt du die Hautseite schön knusprig werden.

Scharfmacher: Für das Chiliöl putzt und hackst du deine Chilischoten nach Belieben. Erhitze das Öl in einer Pfanne – es darf nicht rauchen! – und brate die Chili 2–3 Minuten unter Rühren darin an. Dann lässt du das Öl ein wenig abkühlen und beträufelst nach Lust und Laune dein Hähnchen damit. Dazu schmeckt der kühlende Melonen-Gurken-Salat von Seite 33. Wer möchte, reicht Couscous oder Fladenbrot dazu. Willkommen beim Aromagipfel!

INFO:
WENIGER SCHARF,
unterschiedlich aromatisch:
Cayenne, Chipotle
MITTELSCHARF BIS SCHARF:
Jalapeño, Pimentón de la vera
(als Pulver dulce und picante),
Piment d'Espelette
SCHARF: Bird Eye,
Habanero

TIPP: Trockene Schoten sind schärfer als frische, kleine schärfer als große. Die Schärfe steckt in den Kernen, du kannst sie entfernen oder belassen, die Schoten mit Kernen oder ohne, zerkleinert oder halbiert verwenden.

WEIL DU ES DIR WERT BIST

In Gewürzen und Kräutern wartet so viel Gutes darauf, entdeckt zu werden! Pflanzen verdanken ihr Aroma Wirkstoffen in Blättern, Blüten oder anderen Pflanzenteilen. Kräuter enthalten desinfizierende Gerbstoffe, magenstärkende Bitterstoffe, reizmildernde Schleimstoffe, Vitamine, Mineralien und vor allem ätherische Öle. Diese werden durch Extraktion, Auspressen oder Enfleurage (Fett absorbiert die Duftstoffe) entzogen. Kräuter sollten möglichst frisch verwendet werden, können aber durch Trocknen, Einfrieren, Einlegen in Essig, Öl, Wein oder Likör haltbar gemacht werden.

Gewürze und Kräuter verleihen pur, in Würzölen, Essigen, Salzen, Zucker, Honig, als Pasten oder Sirup Gerichten Aroma – sie sollten zu den Gerichten passen, deren Eigenaromen unterstreichen. Die ätherischen Öle von Kräutern und Gewürzen sind nicht wasserlöslich und benötigen zur Entfaltung Emulgatoren wie hochwertige Pflanzenöle. Gib sie am besten erst kurz vor dem Servieren an warme Gerichte; Speisen wie etwa Braten kannst du auch mit aromatischen Ölen bepinseln. Beginne stets mit geringen Mengen, damit die Konzentration nicht sofort zu hoch wird. Manche Aromen sind untrennbar mit positiven Momenten verbunden wie Zimt mit Weihnachten, auch der Duft von frisch gebackenem Brot kann uns glücklich machen.

Nutze den Duft von Kräutern und Gewürzen als kleine Aromatherapie – bedufte den Raum mit Kräuterkörbchen oder Öllampen, stimuliere dich mit Badezusätzen! Natürliche Aromen steigern dein körperliches, geistiges und seelisches Wohlbefinden, sie beeinflussen deine Stimmung und regulieren den Stoffwechsel. Sie können unter anderem deine Lebensenergie, Konzentration, Körperwärme oder innere Ruhe fördern, sie lassen das Wasser im Mund zusammenlaufen, regen den Appetit und die Verdauung an und vieles mehr.

Gut für dich

Name	Passt zu ... (Auswahl)	Wirkung
Basilikum	Salate, Dips, Saucen	beruhigt Magen und Seele, schlaffördernd
Bergamotte	Cocktails, Tees, Desserts, Süßspeisen, Obstsalat	ausgleichend, hebt die Stimmung
Estragon	Fleisch, Fisch, Gemüse, Saucen, Butter	krampflösend, verdauungsfördernd
Ingwer	Fisch, Meeresfrüchte, Backwaren, Saucen, Tees	schmerzlindernd, regt Magensäure an, gegen Übelkeit, wärmend
Knoblauch	Fleisch, Fisch, Gemüse, Suppen, Dips, Saucen	stimmungsaufhellend, stressmindernd
Koriander	Fleisch, Fisch, Suppen, Saucen, Gemüse	appetitfördernd, krampflösend
Lavendel	Gebäck, Pralinen, Desserts, Marinaden, verfeinert Herzhaftes	entspannend, beruhigend
Lorbeer	Fisch, Fleisch, Wild, Saucen	beruhigend, entspannend, schlaffördernd
Majoran	Eintöpfe, Fleisch, Wurst	appetitanregend, nervenstärkend
Orange	Getränke, Liköre, Longdrinks, Salate, Saucen (für Geflügel, Schweinefleisch)	erfrischend, belebend, verdauungsfördernd
Pfefferminze	Wasser, Sorbets, Bulgur, Frucht- und Süßspeisen, Dips (Pestos), Schokolade	erfrischend, vitalisierend, regt Gallenproduktion an
Rosmarin	Fleisch, Geflügel, Gemüseaufläufe und -eintöpfe	durchblutungsfördernd, nervenstärkend
Vanille	Fleisch, Gemüse, Obst, Desserts, Eis, Gebäck, Heißgetränke	beruhigend, wärmt
Zimt	Gebäck, Marmeladen, Heißgetränke, Desserts, Saucen	wärmt, regt an
Zitrone	Getränke aller Art, Vor-, Haupt- und Nachspeisen, Saucen, Backwaren	erfrischend, belebend, kühlend, antibakteriell

Kleiner Schnupperkurs

Stelle eine Duftquelle vor dich auf den Tisch, etwa einen Blumen- oder Kräuterstrauß. Du hast Zeit, nichts bedrängt dich, du darfst dich entspannen. Stelle sitzend deine Füße hüftbreit nebeneinander und lasse deine Arme locker herabhängen. Schließe die Augen und atme langsam durch die Nase ein – spüre, wie dein Atem hereinströmt und den Brustkorb füllt. Nimmst du den Duft intensiv oder schwach wahr? Wenn du näher an die Quelle herangehst, verändern sich der Duft und auch die Intensität? Kannst du mehrere Duftnoten wahrnehmen oder nur eine – dominiert sie? Beschreibe den Duft für dich: Ist er frisch, herb, erdig, fruchtig, lieblich, blumig, würzig, stechend? Schnuppere an den Blüten oder Blättern, du darfst sie auch kneten oder zerreiben und wieder daran riechen. Welche Gedanken gehen dir durch den Kopf? Hier kannst du sie notieren:

Durch Schadstoffe und künstliche Zusätze ist unser Riechvermögen abgestumpft oder abgelenkt; naturreine Düfte kennen wir kaum noch. Achtsam Riechen eröffnet dir neue Genusshorizonte – nimm (wieder) Witterung auf!

ZITRONEN-LORBEER-ÖL

Für 1 Flasche Öl • Zubereitungszeit: ca. 20 Minuten

Zutaten

1 kg unbehandelte Zitronen
6 frische, unbehandelte
Zitronenblätter
6 Tl Koriandersamen
3 Tl schwarze Pfefferkörner
3 Lorbeerblätter
500 ml bestes fruchtiges
Olivenöl

Außerdem:
1 großes sterilisiertes
Einmachglas
2 sterilisierte Flaschen
(à 250 ml)

Wasche und trockne die Zitronen und die Blätter, viertele dann die Zitronen. Schichte ein Drittel der Früchte in das sterilisierte Einmachglas und gib jeweils ein Drittel der Koriandersamen, der Pfefferkörner, Zitronenblätter und Lorbeerblätter darüber – schichte weiter, bis du die Zutaten aufgebraucht hast. Fülle das Glas mit Öl auf. Das Öl lässt du im verschlossenen Glas an einem kühlen Ort etwa 24 Stunden ziehen. Fülle Olivenöl auf und lass alles weitere 3 Tage stehen. Fische die Zitronen mit einer Gabel heraus und fülle dein Öl mithilfe eines Trichters durch ein Mulltuch in die beiden Flaschen. Dein Öl passt zu vielen Gerichten, etwa zum California-Wrap von Seite 91 oder zum Barschfilet von Seite 108. Oder einfach auf geröstetem Weißbrot als Beilage.

PELLKARTOFFELN
mit Kräuterquark

Für 4 Portionen • Zubereitungszeit: ca. 25 Minuten

ZUTATEN

1 kg kleine festkochende Kartoffeln
Salz
4 Frühlingszwiebeln
60 g gemischte gehackte Kräuter
1/2 Tl Senf
50 ml Leinöl
500 g Sojaquark
1 Knoblauchzehe
schwarzer Pfeffer

Zeitlos beliebt und so vielseitig: Wasche die Kartoffeln, am besten eine festkochende aromatische Sorte, und koche sie in leicht gesalzenem Wasser zu Pellkartoffeln.

In der Zwischenzeit wäschst und putzt du die Frühlingszwiebeln und schneidest sie in sehr feine Ringe. Schau, welche Kräuter gerade Saison haben, und stelle dir sorgsam ein duftendes Potpourri – vielleicht aus eigenem Anbau – nach deinem Geschmack zusammen. Ein Blick in die kleine Tabelle von Seite 117 hilft dir bei der Auswahl ganz nach Lust und Befindlichkeit. Putze und hacke sie ganz frisch.

Zwiebeln, Kräuter, Senf und Leinöl rührst du dann in den Quark. Die geschälte Knoblauchzehe presst du dazu und schmeckst alles mit Salz und wenig Pfeffer ab. Serviere die Pellkartoffeln mit dem Quark – deine Kräuter verleihen dem einfachen Gericht das gewisse Etwas, und je nach Auswahl schmeckt es immer ein bisschen anders – es mundet „solo" oder als Beilage etwa zu Putensteak oder Schweinefilet.

HÄHNCHENSPIEßE
mit Paprika-Kartoffel-Püree

Für 4 Portionen • Zubereitungszeit: ca. 1 Stunde plus Marinierzeit

ZUTATEN

1/2 Bund glatte Petersilie
2 Stängel Salbei
1 kleines Bund Thymian
2 kleine Hähnchenbrusthälften (à 250 g)
150 ml Olivenöl
4 große Kartoffeln
600 g Champignons
2 Schalotten, fein gehackt

schwarzer Pfeffer
Paprikapulver
8 Oliven, fein gehackt
2 rote Paprikaschoten
Kräutersalz
150 g Walnusskerne, gehackt
Schale und Saft von 1/2 unbehandelten Zitrone

Hier geht's kräuter-würzig zu: Wasche die Kräuter und hacke die Blättchen getrennt fein. Das Fleisch schneidest du in 2 x 2 cm große Würfel und mischst diese mit 2 Esslöffeln Öl, der Hälfte des Salbeis und einem Viertel des Thymians. Mariniere es 1 Stunde abgedeckt im Kühlschrank – das zarte Fleisch nimmt so die kräftigen Aromen prima an.

Heize den Backofen auf 160 °C vor, gare die geschälten und gewürfelten Kartoffeln in wenig Wasser ca. 20 Minuten. Jetzt kannst du schon die Pilze putzen und vierteln; mische 2 Esslöffel Öl mit der Hälfte der restlichen Kräuter, Pfeffer und Paprikapulver. Hebe zwei Drittel der gehackten Schalotten und Oliven sowie die Pilze unter und packe alles in ein Alu-Päckchen.

Die gewaschenen Paprikaschoten reibst du mit etwas Olivenöl und Kräutersalz ein und schiebst sie auf einem Rost oben in den Backofen, das Pilzpäckchen auf der mittleren Schiene. Nach 15 Minuten kannst du die Pilze herausnehmen. Die Paprika backt noch 25–35 Minuten, dann ist die Haut dunkel und wirft Blasen. Von der abgekühlten Paprika ziehst du die Haut ab und putzt das Fruchtfleisch.

Röste die Walnüsse in einer Pfanne ohne Fett ca. 5 Minuten, so entfalten sie ihr ganzes herb-nussiges Aroma. Püriere die Paprika mit 70 g Walnüssen, 2 Esslöffeln Olivenöl und etwas Kräutersalz. Die Kartoffeln stampfst du zu Püree und hebst die Paprikamasse unter.

Hacke die restlichen Nüsse klein und vermische sie mit den restlichen Schalottenwürfeln und Kräutern sowie mit Zitronenschale, -saft und 2 Esslöffeln Olivenöl – abschmecken nicht vergessen! Würze die Hähnchenwürfel noch mit Kräutersalz und stecke sie auf Spieße, die brätst du rundum in einer Pfanne in heißem Öl 3–4 Minuten. Richte die Spieße mit Püree, Pilzen und Paste an und nimm dir ausgiebig Zeit, dich der superkräftigen Aromenvielfalt hinzugeben – wow!

SPARGEL-KOKOS-CURRY
mit Schweinefilet

Für 4 Portionen • Zubereitungszeit: ca. 35 Minuten plus Garzeit

ZUTATEN

1 kg weißer Spargel
500 g Karotten
2 Zwiebeln
1 rote Chilischote
40 g Butter
3–4 El Currypulver
250 ml Gemüsebrühe
400 ml Kokosmilch
2–3 El Limettensaft
Salz
schwarzer Pfeffer
4 Schweinefiletmedaillons (à 125 g)
2–3 El Öl
1 El gehackter Koriander

Schäle den Spargel und schneide ihn in 2 cm lange Stücke. Putze die Karotten und schneide sie in nicht zu dünne Scheiben. Dann schälst du die Zwiebeln und würfelst sie (kleiner Tipp: Wenn du die Zwiebel und das Messer zuvor unter Wasser hältst, musst du nicht „weinen"). Die Chili halbierst und entkernst du und würfelst sie ebenfalls fein. Wer es gern scharf mag, hackt die Kerne mit.

Dünste Zwiebeln und Chili in zerlassener Butter unter Rühren glasig an. Nun gibst du die Spargel-stücke und Karotten zu und dünstest sie unter Rühren 3–5 Minuten ebenfalls an. Bestäube alles mit dem feinen orangegelben Currypulver (das ist eine Mischung aus vielen Gewürzen, vor allem Kurkuma) – und schon entfaltet sich ein Duft wie aus 1001 Nacht. Dünste alles 1 Minute weiter, lösche dann mit Brühe ab und gare das Gemüse zugedeckt ca. 15 Minuten sanft.

Dann gießt du die weiße, wunderbar cremige Kokosmilch zu und köchelst alles 3 Minuten weiter. Schmecke mit Limettensaft, Salz und Pfeffer ab und rühre die Hälfte des Korianders unter. Jetzt ist das zarte Gemüse in eine höchst appetitlich duftende, seidige Sauce gebettet, die schon Lust aufs Verkosten macht.

Vorher würzt du die Schweinemedaillons mit Salz und Pfeffer und brätst sie in einer Pfanne in heißem Öl von jeder Seite 2–3 Minuten. Serviere sie zum Curry, das du noch mit frischem Koriander bestreust, um den orientalischen Touch vollkommen zu machen.

VON CREMIG BIS CRUNCHY

Als „Textur" kennst du vor allem die Oberflächenbeschaffenheit von Gewebe oder Fasern, aber auch Lebensmittel oder Zubereitungen haben Struktur. Forsche mit Augen, Händen, Fingern und Ohren: Betrachte und fühle bei Obst, Gemüse oder Brot die Oberflächen (sind sie glatt, rau, körnig oder anders?), die Größe und Form (... groß, klein, scharfkantig, rund?), die Elastizität (gibt etwas auf Druck nach?) und den Flüssigkeitsgehalt (ist etwas saftig oder trocken?) oder höre auf Geräusche (aneinander geriebene frische Spargelstangen „quietschen", frisches Gebäck ist knusprig. Das Mundgefühl gibt uns beim Kosten durch Berühren, Drücken oder Kauen mit Lippen, Gaumen und Zunge weitere Auskunft; das Gefühl verändert sich während des Essens. All diese Eindrücke vereinen sich zu unserer Wahrnehmung, aber natürlich ist das Ergebnis auch von äußeren Gegebenheiten und deiner Stimmung abhängig.

Texturen können sein: schaumig, luftig, cremig, zart, geschmeidig, schmelzend, vollmundig, klebrig, gummiartig, feucht, schwer, knackig, saftig, bröckelig, mürbe, trocken, crunchy, hart und vieles mehr. Davon sind einige, wie etwa „schleimig", in unserem Kulturkreis negativ behaftet, andere wie „knackig" oder „cremig" positiv.

Bestimmten Zutaten oder Verarbeitungen werden typische Eigenschaften zugeschrieben: knackig-frisches Gemüse oder cremige Suppen empfinden wir als angenehm – werden Gerichte oder Zutaten anders als gewohnt zubereitet oder würden einfach alle Zutaten miteinander püriert, erkennen wir sie eventuell nicht. Durch eine Verarbeitung wie etwa Kochen ändert sich die Textur von Zutaten, sie setzen beim Essen Aromen schneller frei als rohe, auch als Hartes und Knuspriges; diese Strukturen werden erst durch Kauen und Speichel so verändert, dass sie erfassbar werden.

 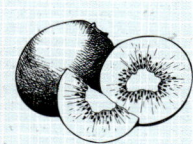 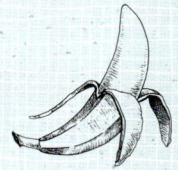

FÜHL MAL!

Welche Impulse geben dir Zutaten, was möchtest du mit ihnen machen? Möchtest du sie sanft in die Hand nehmen, drücken, zerzupfen oder kneten, mit der Zunge darüberfahren? Der Genuss von Zutaten mit unterschiedlichen Texturen sowie bewusstes Fühlen und Tasten steigern deine Achtsamkeit beim Essen.

☛ Lass dir von einem Freund die Augen mit einem weichen, blickdichten Tuch verbinden und dir etwas nicht Benanntes reichen. Schenke dieser Sache deine ganze Aufmerksamkeit! Taste es langsam und vorsichtig ab: Wie fühlt sich die Oberfläche an, ist sie rau, grobporig, gleichmäßig? Fühlt es sich angenehm an? Kommt es dir vertraut vor, entsteht ein Bild vor deinen Augen? Was ist es?

☛ Durch die Kombination unterschiedlicher Texturen wird ein Gericht komplexer und für dich zum sensorischen Erlebnis: Füge geschmeidig-cremiger Gemüsesuppe knusprige Croûtons oder knackige rohe Gemüsewürfelchen hinzu. Wechsele beim Essen zwischen den Texturen, werde so immer wieder aufmerksam und nimm die unterschiedlichen Geschmacksmomente wahr.

☛ Bewege eine Zutat von bestimmter Konsistenz im Mund hin und her, kaue in Ruhe und iss sie auf – wie entfaltet sich ihr Geschmack? Widme dich erst dann einer Zutat von ganz anderer Konsistenz und verfahre genauso, immer im Wechsel.

☛ Richte ein Gemüse in unterschiedlichen Formen (Würfel, Stifte, feine Scheibchen und in anderen Formen) an, mische und lasse die Zunge damit spielen. So schenken wir dem Auge außerdem ein wenig Abwechslung, es isst schließlich mit!

RINDFLEISCHSTREIFEN
mit grünen Bananen und Kokosgemüse

Für 4 Portionen • Zubereitungszeit: ca. 35 Minuten plus Marinierzeit

Zutaten

1 kg Roastbeef
250 ml trockener Weißwein
1 El scharfes Currypulver
2 rote Paprikaschoten
1 kleiner Blumenkohl
5 Zwiebeln
3 grüne Kochbananen
1 El Butter
5–6 El Erdnussöl
Salz
frisch gemahlener schwarzer Pfeffer
1 Prise Cayennepfeffer
1 kleine Dose Kokoscreme

Grüne Kochbananen gehören in Afrika und Südamerika zu den Grundnahrungsmitteln – begib dich also auf eine kleine Geschmacksreise! Das cremefarbene, auch leicht rötliche Fruchtfleisch mundet nur gekocht oder gebraten, entfaltet aber dann einen angenehmen, etwas süßlichen Geschmack.

Zunächst marinierst du das Fleisch, damit es ein köstliches Curry-Aroma bekommt: Schneide das Roastbeef in dünne Streifen, vermische diese mit 50 ml Wein und Currypulver und lasse das Ganze zugedeckt 1 Stunde im Kühlschrank ziehen.

Jetzt kannst du das frische Gemüse vorbereiten: Wasche die knackigen Paprika und halbiere sie. Putze sie und schneide die Schoten in feine, appetitliche Würfel – sie werden später zu hübschen Farbtupfern. Putze dann den Blumenkohl: Schau dir seine ebenmäßigen Strukturen an, bevor du ihn in kleine Röschen teilst. Anschließend schälst du die Zwiebeln und schneidest sie in Ringe. Nun kommen die Kochbananen an die Reihe: Entferne die Schalen – duften sie wie unsere gelben Obstbananen? Schneide die Bananen in Scheiben und dünste sie in einer Pfanne in etwas Butter an.

Nimm die Fleischstreifen aus der Marinade und lasse sie etwas abtropfen. Die Marinade aber bitte aufheben, sie wird später ein wichtiger Bestandteil der Sauce. Brate dann das Fleisch in heißem Öl portionsweise an und würze es mit Salz und Pfeffer. Jetzt kannst du die Paprikawürfel, Blumenkohlröschen und die Zwiebelringe zugeben und einige Minuten mitdünsten.

Zum Schluss füllst du mit dem übrigen Wein und der Marinade auf. Gieße noch die Kokoscreme an, die dem Gericht eine leckere cremige Textur gibt. Setze den Deckel auf und lasse das Ganze 10–15 Minuten schmoren. Jetzt darfst du schon einmal probieren: Ist die Speise würzig genug? Schmecke ansonsten mit mehr Salz und Cayennepfeffer ab.

GAZPACHO

Für 4 Portionen • Zubereitungszeit: ca. 20 Minuten

ZUTATEN

2 rote Paprikaschoten
1 milde rote
  Chilischote
1 Salatgurke
1 Knoblauchzehe
300 g Tomaten
1 El Tomatenmark

6 El Olivenöl
Salz
schwarzer Pfeffer
1 Prise Zucker
1 El Zitronensaft
1 Minzezweig

Wasche und putze Paprikaschoten und Chili, bevor du sie längs halbierst und von Kernen und Scheidewänden sowie Stielansätzen befreist. Widme dich nun der Salatgurke, schäle und entkerne sie. Die Knoblauchzehe schälst du nur – wenn du vorsichtig den Kern entfernst, hast du nach dem Essen keine „Knoblauchfahne". Wasche und putze die glatten, leuchtend roten, prallen, sonnengereiften Tomaten.

Würfele nun die Tomaten, die Hälfte der Paprika, ein Drittel der Gurke, cie Hälfte der Chilischote und die Knoblauchzehe grob. Das alles pürierst du mit dem Tomatenmark und 4 Esslöffeln Olivenöl fein. Ist dir die Suppe so zu sämig, verdünnst du sie mit etwas kaltem Wasser. Schmecke die kalte Suppe kräftig mit Salz, Pfeffer, Zucker und Zitronensaft ab, so, wie du es magst. Für die knackfrische Einlage und einen bunten Kick würfelst du die restliche Paprika, Chili und Gurke fein. Wasche die frische Minze, schüttle sie trocken und zupfe die Blättchen vom Zweig – ihr Duft wirkt belebend und anregend.

Am besten pürierst du die Suppe vor dem Servieren noch einmal, damit sie eine besonders homogene, cremige Textur erhält. Bestreue sie mit dem gewürfelten Gemüse und den Minzeblättchen, dann träufelst du grün-goldenes Olivenöl darüber. Mit gerösteten Baguettescheiben mit ein wenig Zitronen-Lorbeer-Öl (siehe Seite 119) wirst du nicht nur an einem heißen Sommertag angenehm gesättigt.

Diese kalte Suppe erfrischt dich und versorgt dich reichlich mit Vitaminen. Die spannende Kombi aus cremiger Suppe und Gemüse „mit Biss" schafft Abwechslung und Aufmerksamkeit beim Essen.

Wärme wirkt Wunder

Es grenzt an Zauberei: Eine Zutat verwandeln wir durch die Zuführung unterschiedlicher Temperaturen von sanftem Dünsten bis zu kräftigem Braten, bei dem Röststoffe entstehen, in ganz verschiedene Gerichte. Durch Kochen werden Rohstoffe in einen für uns genießbaren Zustand überführt, indem Fasern gelöst und Zellen aufgeschlossen werden. Die Nahrung wird weich und besser kaubar, Aromen werden freigesetzt, Nährstoffe können besser vom Körper aufgenommen und verarbeitet werden. Die Kehrseite: Während des Garens verlieren die Zutaten Flüssigkeit und auch wertvolle Nährstoffe wie etwa Vitamine. Die zugeführte Temperatur verändert das Aroma der Zutat, deren Intensität und ihren Geschmack. Die Geschmacksintensität erhöht sich, je nach Geschmacksrichtung ein wenig anders, mit steigender Temperatur. Bei kalten Gerichten ist es deshalb oft notwendig, sie stärker zu würzen.

Natürlich werden Temperaturen von Mensch zu Mensch anders empfunden, das hängt vom individuellen Stoffwechsel, Blutdruck, der Körpertemperatur und nicht zuletzt der Befindlichkeit ab. Hat ein Gericht jedoch „Körpertemperatur", wird sein Geschmack ganz allgemein kaum wahrgenommen, ist die Temperatur deutlich anders, eiskalt oder glühend heiß, wird sie intensiv bemerkt, dafür werden aber Aromen und Düfte vernachlässigt. Scharfes wird als heiß empfunden, Alkohol als wärmend. Spielen wir doch mit Eis und Feuer, ganz, wie es uns guttut: Gewürze wie Nelken oder Muskat in Gerichten wärmen uns im Winter, kalte Suppen wirken kühlend im Sommer. Und manche Gerichte wie Bratlinge oder Frikadellen schmecken warm oder kalt.

today is a new beginning

HEISS & KALT
ZU DEINEM BESTEN

→ Verzehre erntefrisches Obst (und Gemüse, wenn möglich) ungekocht, wässere es nicht und schneide es erst nach dem Waschen.

→ Je weicher ein Gemüse ist, desto kürzer ist die Garzeit: Weiches Gemüse also möglichst nur dünsten. Bei härteren Gemüsearten wie Kohl werden erst durch die Hitzezufuhr die Nährstoffe besser zugänglich: Hier reicht aber kurzes Blanchieren.

→ Koche Kartoffeln in der Schale, denn unter der Schale sitzen die meisten Nährstoffe.

→ Kochwasser von Gemüse kannst du noch als Brühe oder zum Aromatisieren von Saucen und Dips verwenden.

→ Lebensmittel bei hoher Temperatur rasch angaren oder anbraten, dann bei niedriger Temperatur fertig garen. Entscheide dich für schonende Garverfahren, passend zur Zutat: Fleisch etwa kannst du bei Niedrigtemperatur (je nach Fleisch etwa bei Kerntemperatur zwischen 55–70 °C) garen, so bleibt es saftig und die Inhaltsstoffe werden erhalten.

→ Halte Speisen nicht lange warm, sondern kühle sie schnell herunter und erhitze sie später wieder.

Deine Küche, Dein Wohlfühlort

Schneiden, rühren, kochen, backen, aber auch sprechen, zuhören und beisammen sein - das alles und noch vieles mehr spielt sich in der Küche ab. Nach dem Wohnzimmer ist die Küche in Deutschland der am häufigsten genutzte Wohnraum. Hier ist es in der Regel warm, und es duftet gut, also auch für dich der perfekte Ort zum Sichwohlfühlen.

egessen wurde zu allen Zeiten, und auch das Kochen, also das bewusste Zubereiten von Speisen, gibt es schon seit Langem. Begibt man sich auf die Spuren der ersten Küchen, führen diese bis in die vorchristliche Zeit zurück. Natürlich hat sich die Küche im Laufe ihrer Geschichte, was ihren räumlichen Aufbau und ihre technische Ausstattung betrifft, immer wieder verändert, aber dennoch war sie wohl von Beginn an stets mehr als eine bloße Kochstelle.

In unserer Zeit ist die Küche meist Mittelpunkt der Wohnung und Dreh- und Angelpunkt des Familienlebens. Hier kommt man am Morgen noch etwas verschlafen und wortkarg zum Frühstücken zusammen, hier trifft man sich tagsüber zum Kochen und zu anderer Aktivitäten rund um das Essen. Und abends dampft hier ein aromatischer Kräutertee als letzte Wohltat vor dem Zubettgehen. Es gibt praktisch-funktionale Küchen und Wohnküchen, die auch noch Platz bieten für eine größere Sitzecke und die dazu einladen, gemeinsam zu kochen, zu speisen und sich zu begegnen. Du erinnerst dich bestimmt auch an schöne Küchenmomente aus deiner Kindheit, als du beim Kuchenbacken geholfen hast und zwischendurch vom Teig naschen durftest oder als ein großer Braten im Ofen schmorte und sein köstlicher Duft dir in die Nase stieg.

Ob du nun deine Küche für dich alleine nutzt oder mit anderen hier Zeit verbringst, tauche ein in die heimelige Atmosphäre. Genieße es, aus deinen frischen und gesunden Lebensmitteln ein appetitliches Essen zu zaubern. Sieh dir die Zutaten genau an, nimm sie in die Hand und fühle zum Beispiel beim Gemüse die verschiedenen Formen und Konsistenzen. Spüre, wie leicht sich eine Zucchini mit dem Messer klein würfeln lässt, beobachte, wie eine Avocado unter ihrer Schale aussieht, rieche

den Duft, den der Ingwer beim Reiben entfaltet, und schmecke das entstehende Aroma, wenn du mehrere Zutaten in der Pfanne mischst. Nimm dir Zeit zum Kochen, konzentriere dich auf die einzelnen Handgriffe, aber auch auf dein Sehen, Fühlen, Riechen und Schmecken. Entspanne dich, genieße den Augenblick und die Vorfreude auf das kommende Mahl.

TIPPS
für eine noch angenehmere Küchen-atmosphäre:

➔ Wähle schöne Tischdecken, Tischsets, Geschirrhandtücher und Topflappen, in deinen Lieblingsfarben.

➔ Dekoriere den Tisch mit einem frischen Blumenstrauß und stelle blühende Topfpflanzen oder duftende Kräuter auf die Fensterbank.

➔ Achte auf qualitativ hochwertige Arbeitsgeräte wie gut geformte sowie scharf geschliffene Messer und auf ästhetische Kochutensilien wie Schneidebretter aus massivem Holz oder schön glasierte Schüsseln, die du gerne anschaust und anfasst.

➔ Sorge für gemütliches Licht über dem Esstisch und für helles Licht im Arbeitsbereich.

➔ Verwöhne dich mit einem gemütlichen Stuhl oder einem Korbsessel, der dich, gepolstert mit einem bunten Kissen, zu einer kleinen Ruhepause einlädt.

VIELE ANLÄSSE, VIELE GERICHTE

Warm oder kalt, süß oder salzig, erfrischend oder wärmend – wie soll dein Essen sein? Du hast die Wahl! Mal sind wir in Stimmung für etwas Leichtes, mal bevorzugen wir etwas Deftiges. Auch unser Tagesablauf bestimmt unseren Speiseplan: Morgens tut uns etwas anderes gut als abends, zum Frühstück essen wir eher kalt, zu Mittag oder Abend dann lieber warm. Strahlt im Sommer die Sonne vom Himmel, lieben wir es erfrischend und fruchtig. Bei Schal- und Handschuhwetter im Winter soll dagegen unbedingt etwas Wärmendes auf den Teller kommen. Die große Auswahl an Zutaten und die Palette an verschiedenen Zubereitungsarten bieten dir bestimmt das passende Essen für die jeweilige Stimmung und den jeweiligen Anlass. Sei kreativ und probiere auch einmal etwas Neues!

GRAPEFRUIT-SMOOTHIE
mit Bananen

Für 4 Portionen • Zubereitungszeit: ca. 15 Minuten

ZUTATEN

- 100 g Erdbeeren (frisch oder TK)
- 4 rosa Grapefruits
- 2 noch feste Bananen
- 300 g Naturjoghurt
- 2 El zarte Haferflocken
- 2 El Erdbeersirup

Mmmh, hier kommt in Form von frischem Obst viel Energie ins Glas! Zunächst bereitest du die Erdbeeren vor, indem du sie wäschst, trocken tupfst und putzt. Schäle dann die

Für einen guten Start in den Tag

Grapefruits und filetiere die Frucht, dabei die Kerne entfernen und den Saft auffangen. Anschließend schälst und zerteilst du die Bananen. Halte einmal kurz inne und mach dir bewusst, wie verschieden die Früchte sind, wenn du ihre Form, Farbe und Konsistenz betrachtest. Gib die Banenenstückchen mit den anderen Früchten und dem Saft in einen Mixer. Füge den Joghurt, die Haferflocken und den Sirup hinzu, fertig. Jetzt noch kräftig durchmixen, in Gläser gießen und mit Ruhe achtsam genießen.

134

FRUCHT-MÜSLI-TRIFLE
mit Joghurt

Für 4 Portionen • Zubereitungszeit: ca. 25 Minuten plus Kühlzeit

ZUTATEN

- je 100 g Aprikosen-, Mango- und Pfirsichfruchtfleisch
- 40 g getrocknete Apfelringe
- 450 ml ungesüßter Apfelsaft
- 6 Kardamomkapseln
- 6 Gewürznelken
- 1 Zimtstange
- 300 g Naturjoghurt
- 100 g zuckerfreies Knuspermüsli
- etwas Müsli und Trockenobstspalten zum Garnieren

Auch dieser herrlich fruchtig-frische Starter weckt deine Lebensgeister am Morgen und macht dich wach und aufmerksam für die vielen positiven Eindrücke des Tages. Er schmeckt mindestens ebenso gut wie er aussieht und ist einfach gemacht: Du gibst das Fruchtfleisch und die Apfelringe in einen Topf und gießt den Apfelsaft dazu. Bevor du die Gewürze unterrührst, halte doch einmal kurz inne und schnuppere am Kardamom, an den Gewürznelken und der Zimtstange. Herrlich aromatisch – dieser Duft weckt bei dir bestimmt schöne Erinnerungen. Koche die gewürzte Fruchtmischung einmal auf und lass sie dann ca. 15 Minuten köcheln, bis die Früchte schön weich sind. Den Topf stellst du dann zum Auskühlen beiseite.

Nimm nun die Gewürze wieder heraus und verarbeite das Fruchtkompott zu einem groben Püree. Zunächst sollten die Früchte für etwa 1 Stunde kühl gestellt werden, bevor du das Trifle anrichtest. Dafür schichtest du das Püree, den Joghurt und das Knuspermüsli abwechselnd in Gläser oder Dessertschalen und garnierst die Energiebombe zum Schluss mit Müsli und Trockenobstspalten. Nimm ganz in Ruhe Platz und probiere: Wie schmecken die einzelnen Schichten, und welches besondere Geschmackserlebnis ergibt sich, wenn du die Lagen auf einem Löffel miteinander vermischst? Sei neugierig und genieße!

Morgen-Kick-off

SCHOKOKUCHEN
mit Zucchini und Avocado

Für 12 Stücke • Zubereitungszeit: ca. 20 Minuten plus Backzeit

ZUTATEN

- 220 g Dinkelvollkornmehl
- 50 g Mandelmehl
- 80 g ungesüßtes Kakao-
  pulver
- 1 Tl Weinsteinbackpulver
- 1 reife Avocado
- 100 g Kokosblütenzucker
- 1 Tl gemahlene Vanille
- 100 ml flüssiges Kokosöl
  plus etwas für die Form
- 100 g geraspelte Zucchini
- 1 Tl Natron
- 1 El Apfelessig

Außerdem:
Puderzucker zum Bestäuben

Überrasche beim Kaffeekränzchen deine Gäste doch einmal mit diesem ungewöhnlichen Schokoladenkuchen, für den du auch frisches Gemüse verarbeitest. Du wirst es sehen und schmecken können: Avocado und Zucchini machen ihn besonders saftig. Zuerst heizt du den Backofen auf 170 °C vor und fettest eine Springform (24 cm Ø) mit etwas Kokosöl. Mische beide Mehle und füge Kakao und Backpulver hinzu. Dann nimm die Avocado in die Hand, spüre die leicht noppige Schale und prüfe dann mit sanftem Druck, ob sie schön weich ist.

Du halbierst sie und entfernst den Kern. Schau ihn dir einmal genau an: Er hat eine schöne glatte Oberfläche und ist in seinem Inneren sehr hart. Nimm dann einen Löffel und löse das Fruchtfleisch sorgfältig heraus. Zerdrücke es mit einer Gabel und spüre dabei, wie einfach das gelingt.

Jetzt vermischst du Zucker, Vanille, Kokosöl, Avocado und Zucchiniraspel. Die Mehlmischung fügst du abwechselnd mit 200 ml Wasser hinzu. In einer kleineren Schale rührst du Natron und Essig schaumig und gibst die Mischung ebenfalls zum Teig. Ist alles gut miteinander verbunden, füllst du den Teig in die Form und backst ihn ca. 25 Minuten. Nutze die Zeit für eine kleine Atem- und Schnupperpause und genieße den Duft, der aus dem Backofen kommt. Er lässt dir bestimmt das Wasser im Mund zusammenlaufen.

Wenn der Kuchen etwas abgekühlt ist, löst du ihn behutsam aus der Form und bestäubst ihn zum Servieren mit etwas Puderzucker. Deine Gäste werden staunen!

PEKANNUSS-CRUMBLE
mit Erdbeeren und Pfirsichen

Für 12 Stücke · Zubereitungszeit: ca. 20 Minuten plus Kühl- und Backzeit

ZUTATEN

50 g Pekannusskerne
140 g Dinkelvollkornmehl
70 g Vollrohrzucker
50 g Dinkelflocken
1 Prise Salz
80 g eiskalte Butter
   plus etwas für die Form
300 g Erdbeeren
4 Pfirsiche

• •

Warum nicht einmal etwas süßes Warmes zur Kaffeezeit? Diesen leckeren Crumble kannst du mit verschiedensten Obstsorten zubereiten – je nach Saison und vor allem ganz nach deinem Geschmack. Hacke zunächst die Pekannusskerne in grobe Stücke. Nimm dir einen Moment Zeit und probiere doch einmal in Ruhe einen der Kerne: Magst du seine Konsistenz beim Kauen, und wie gefällt dir der Geschmack? Dann gibst du die Nüsse mit Mehl, Zucker, Dinkelflocken und Salz in eine Schüssel und fügst die in kleine Würfel geschnittene Butter hinzu. Verarbeite alles zu einem krümeligen Teig. Das gelingt dir am besten mit den Händen, denn so spürst du genau, wie sich die leckeren Zutaten langsam durch die Bewegungen deiner Finger miteinander verbinden. Hast du alles gut verknetet, stellst du den Streuselteig für 30 Minuten kalt.

Kurz vor dem Ende der Kühlzeit heizt du den Backofen auf 200 °C vor. Jetzt kommen die frischen Früchte an die Reihe: die Erdbeeren waschen, trocken tupfen, putzen und vierteln, die Pfirsiche waschen, entkernen und in Spalten schneiden. Fette zunächst eine Tarteform (28 cm Ø) oder eine Auflaufform und gib dann die Früchte hinein. Bestreue das Obst mit den Nussstreuseln und lass den Crumble im Ofen ca. 20 Minuten backen, bis er eine köstliche goldbraune Farbe hat. Genieße ihn warm ganz langsam Gabel für Gabel. Vielleicht bemerkst du dabei, wie die Temperatur das Aroma der Früchte verstärkt.

TIPP: Probiere den Crumble auch mit anderem Obst der Saison!

Zutaten

150 g Penne
Meersalz
200 g kernarme Wasser-
melone, ohne Schale
8 Kirschtomaten
1/2 rote Zwiebel
100 g Feta
einige Blättchen Minze
2 El Zitronensaft
4 El natives Olivenöl extra
frisch gemahlener
schwarzer Pfeffer

NUDELSALAT
mit Wassermelone und Feta

Für 2 Gläser à 1 Liter • Zubereitungszeit: ca. 30 Minuten

Die Sonne lacht vom Himmel, und die Vögel zwitschern? Dann nutze die Gelegenheit für ein gemütliches und achtsames Picknick im Grünen. Pack eine große Decke ein, sag ein paar Freunden Bescheid und sorgt gemeinsam für passende Getränke und verschiedene Snacks. Du könntest dich zum Beispiel für diesen Nudelsalat entscheiden. Er ist nahrhaft und erfrischend zugleich und sorgt mit seinen Melonenstückchen für eine ungewöhnliche, aber sehr gelungene Verbindung. In ein dekoratives Glas geschichtet, lässt er sich gut transportieren.

Als Erstes garst du die Nudeln in reichlich Salzwasser. Fische dir eine davon aus dem Topf heraus, lass sie ein kleines bisschen abkühlen und teste dann ihre Konsistenz. Ist sie schön al dente? Dann kannst du die Nudeln in ein Sieb abgießen. Nimm davor aber 2 Esslöffel des Kochwassers ab und bewahre es für später auf. Übergieße die Nudeln noch einmal mit kaltem Wasser, damit sie beim Erkalten nicht zusammenkleben.

Nimm die Wassermelone in eine Hand und spüre einmal ganz bewusst, wie schwer sie ist. Kaum vorstellbar, dass sich in ihrem Inneren so weiches, köstliches Fruchtfleisch finden lässt. Schneide das herrlich saftige, rote Fruchtfleisch in etwa 1 cm große Würfel und entferne dabei möglichst den Großteil der Kerne. Dann putzt du die Tomaten und halbierst sie. Die

Zwiebel wird geschält und in dünne Ringe geschnitten, der Feta grob zerkrümelt. Zum Schluss wäschst du noch die Minze, schüttelst sie gut trocken und hackst sie fein. Schnuppere danach einmal an deinen Fingern und genieße den frischen Duft der Kräuter!

Für das würzige Dressing verrührst du Zitronensaft, Olivenöl und das aufgefangene Kochwasser. Das geht am besten mit einem Schneebesen, probiere es aus. Die Mischung schmeckst du mit Salz und Pfeffer ganz nach deinem Geschmack mild oder kräftig ab.

Jetzt ist der Salat schon so gut wie fertig, und du kannst ihn in die Gläser füllen. Du verteilst zuerst das Dressing, füllst dann die Pasta ein, schichtest zunächst die Wassermelone, dann die Tomaten und die Zwiebelringe darauf und verteilst zum Schluss noch den Feta. Halte das Glas einmal ein wenig in die Höhe und schau, wie appetitlich die Zutaten mit ihren verschiedenen Formen und Farben aussehen. Jetzt noch die Gläser gut verschließen und bis zur Verwendung in den Kühlschrank stellen. Vor dem Essen schüttelst du den Salat im Glas kräftig durch, damit sich die Zutaten gut miteinander vermischen können. Draußen in der Natur zu essen, ist ein ganz besonderes Erlebnis. Hier kannst du gleichzeitig sehen, hören, riechen und natürlich schmecken. Nimm dir also für jeden Bissen viel Zeit und genieße in Ruhe die verschiedenen Sinneseindrücke.

GARNELENPFANNE
mit Spargel

Für 4 Portionen • Zubereitungszeit: ca. 20 Minuten

ZUTATEN

6 getrocknete Shiitakepilze
250 g Karotten
750 g grüner Spargel
Meersalz
3 El Sesamöl
2 Knoblauchzehen
1 rote Chilischote
200 ml Gemüsebrühe
3 El Austernsauce
150 g geschälte Garnelen
Pfeffer
Zitronensaft nach Belieben

Jede Jahreszeit hat ihre besonderen Speisen. Spargel, und besonders der aromatische grüne Spargel, steht für dich bestimmt auch unverkennbar für den Frühling und das Erwachen der Natur. Für dieses leckere Pfannenrezept weichst du zuerst die Pilze etwa 10 Minuten in warmem Wasser ein. Halte einen Moment inne und beobachte, wie sie die Flüssigkeit langsam aufsaugen und dabei immer dicker und praller werden. Dann schabst du die Karotten und schneidest sie in mundgerechte Stifte. Schau dir den grünen Spargel genauer an: Er ist so frisch und zart, dass du ihn nach dem Waschen nur im unteren Drittel zu schälen brauchst, die übrige Schale ist nämlich weich genug und schmeckt

sehr gut. Schneide den Spargel schräg in ebenfalls mundgerechte Stücke und blanchiere ihn 5 Minuten in kochendem Salzwasser. Gieße dann das Pilz-Einweichwasser ab, entferne die harten Stiele und schneide die Pilzhüte in Streifen.

Im Wok lässt du das Sesamöl schön heiß werden. Währenddessen schälst du den Knoblauch und putzt die Chilischote, wobei du am besten ihre Kerne entfernst. Dann hackst du beides fein und dünstest die kleinen Würfelchen im Wok an. Mmmh, wie aromatisch das duftet! Gib den abgetropften Spargel, die Pilze und die Karottenstifte dazu und brate alles unter Rühren 3 Minuten an. Zum Schluss gießt du die Gemüsebrühe und die Austernsauce an, kochst die Mischung auf und fügst dann die Garnelen zu. Lass das Gericht noch einmal 3 Minuten schmoren und probiere dann in aller Ruhe: Was schmeckst du? Fehlt noch etwas Würze? Dann schmecke mit Salz und Pfeffer ab oder gib noch einen Spritzer Zitrone dazu. Die Garnelen schmecken besonders gut zu duftendem Basmatireis.

Zutaten

1 unbehandelte Orange • 1 unbehandelte Grapefruit
1 unbehandelte Limette • 1 unbehandelte Zitrone
200 ml Mineralwasser • 50 g Blütenhonig
4 Blätter Zitronenmelisse

Dieses gefrorene Zitrusdessert ist die richtige Erfrischung für heiße Sommertage, und du kannst es ganz einfach zubereiten! Zuerst wäschst du die Früchte mit lauwarmem Wasser und reibst ihre glatte Schale mit einem weichen Tuch trocken. Dann schneidest du aus der Schale feine Streifen. Dabei kannst du das frische Zitrusaroma bereits sehr gut schnuppern. Presse das Obst dann aus und gieße den aufgefangenen Saft durch ein Sieb.

Vermische das Mineralwasser mit dem Honig. Lass die Flüssigkeit einmal kurz aufkochen und beobachte dabei ganz bewusst, wie aus der Mischung ein dickflüssiger Honigsirup wird. Stelle ihn zum Abkühlen zunächst beiseite. Jetzt wäschst du die Zitronenmelisse, schüttelst sie trocken und hackst sie fein. Ist der Sirup kalt genug, verrührst du ihn in einer Schüssel mit dem Fruchtsaft, den fein gehackten Schalen und der Zitronenmelisse. Stelle die Schüssel nun zum Gefrieren ins Eisfach.

Kurz vor dem Servieren rührst du die Granita mit einer Gabel mehrmals um, verteilst sie auf Dessertschalen und bietest sie sofort an. Genieße beim Essen die erfrischende Kühle und nimm aufmerksam und konzentriert wahr, wie die Granita in deinem Mund langsam schmilzt.

ZITRUS–GRANITA

Für 4 Portionen
Zubereitungszeit: ca. 15 Minuten
plus Kühl- und Gefrierzeit

CREMIGES GRAUPENRISOTTO
mit Wurzelgemüse und Pilzen

Für 4 Portionen • Zubereitungszeit: ca. 40 Minuten

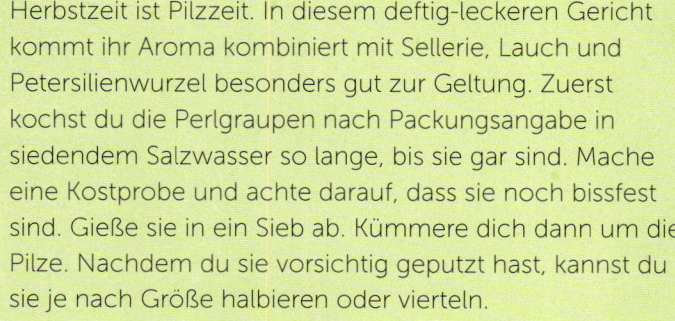

ZUTATEN

100 g Perlgraupen
Salz
300 g gemischte Pilze (z. B. Pfifferlinge,
   Champignons, Steinpilze)
2 El Olivenöl
1 mittelgroße Zwiebel, fein gewürfelt
100 g Petersilienwurzel, fein gewürfelt
100 g Karotte, fein gewürfelt
100 g Lauch, fein gewürfelt
100 g Staudensellerie, fein gewürfelt
200 ml klare Gemüsebrühe
2 El kalte Butter
1 Bund Schnittlauch
2 El frisch geriebener Parmesan
1 Tl frisch gepresster Zitronensaft
frisch gemahlener schwarzer Pfeffer

Herbstzeit ist Pilzzeit. In diesem deftig-leckeren Gericht kommt ihr Aroma kombiniert mit Sellerie, Lauch und Petersilienwurzel besonders gut zur Geltung. Zuerst kochst du die Perlgraupen nach Packungsangabe in siedendem Salzwasser so lange, bis sie gar sind. Mache eine Kostprobe und achte darauf, dass sie noch bissfest sind. Gieße sie in ein Sieb ab. Kümmere dich dann um die Pilze. Nachdem du sie vorsichtig geputzt hast, kannst du sie je nach Größe halbieren oder vierteln.

In einem großen Topf erhitzt du das Olivenöl und schwitzt die Zwiebelwürfel darin an. Dann gibst du die Pilze zu und lässt sie kräftig braten. Dünste dann auch das gewürfelte Gemüse kurz im Topf an und lösche das Ganze mit der Brühe ab. Menge die Graupen unter, sodass ein schönes, buntes Risotto entsteht. Lass es einmal kurz aufkochen und dann ca. 10 Minuten bei mittlerer Hitze sanft köcheln. Dabei musst du aber regelmäßig rühren, damit nichts anhängt. Gib die kalte Butter flöckchenweise hinzu und beobachte dabei, wie das Risotto langsam eine cremige Konsistenz bekommt. Ist es zu fest, kannst du noch etwas warme Gemüsebrühe einrühren.

Den Schnittlauch wäschst du, schüttelst ihn trocken und schneidest ihn in feine Röllchen. Gib die Kräuter und den Parmesan zu den Pilzgraupen und verrühre die Zutaten noch einmal kräftig. Zum Schluss schmeckst du das Gericht mit Zitronensaft, Salz und Pfeffer ganz nach deinem Belieben ab.

KÜRBISSUPPE
mit schwarzen Bohnen

Für 4 Portionen • Zubereitungszeit: ca. 30 Minuten plus Garzeit

ZUTATEN

500 g schwarze Bohnen
  (aus der Dose)
1 kg Tomaten
1 große Zwiebel
1 Knoblauchzehe
1/2 unbehandelte Zitrone
1 kg Hokkaido-Kürbis
2 El Rapsöl
Salz, Pfeffer
1 El gemahlener Kreuz-
  kümmel
300 ml Gemüsebrühe
6 Stängel Koriander
3 El geröstete Kürbiskerne
2 El Crème fraîche

Ist es im Winter draußen kalt und ungemütlich, ist diese deftige Suppe genau das Richtige: Sie wärmt dich von innen und außen und erfüllt deine Küche mit ihrem köstlichen Duft. Zuerst lässt du die Bohnen in einem Sieb abtropfen. Du wäschst und putzt die Tomaten und viertelst sie. Gib die Zutaten in einen hohen Rührbecher und püriere sie zu einem feinen Mus.

Anschließend schälst du Zwiebel und Knoblauch und hackst sie fein. Presse die Zitrone aus und reibe die Hälfte der Schale fein ab. Jetzt kommt der sonnig leuchtende Kürbis an die Reihe, bewundere doch einmal seine harmonische und sehr dekorative Form, bevor du ihn weiterverarbeitest: Wasche ihn, entferne dann die Kerne und schneide das Fruchtfleisch in kleine Würfel. In einem großen Topf erhitzt du das Öl und schwitzt Zwiebel und Knoblauch darin an. Gib das Tomaten-Bohnen-Püree, Zitronensaft und Zitronenschale sowie die Kürbisstücke zu. Verrühre das Ganze und schmecke es dann mit Salz, Pfeffer und Kreuzkümmel ab.

Gieße das Mus mit der Gemüsebrühe auf und lass die Suppe ca. 20 Minuten zugedeckt bei mittlerer Hitze köcheln. In der Zwischenzeit kannst du den Koriander waschen, trocken schütteln und fein hacken. Ist die Suppe fertig, verteilst du sie auf tiefe Teller und garnierst sie noch mit gerösteten Kürbiskernen, einem Klecks Crème fraîche und den gehackten Kräutern. Iss langsam und mit Bedacht. Nimm bei jedem Löffel wahr, wie dein Körper sich langsam mit der angenehmen Wärme der Suppe füllt.

GANZ ENTSPANNT GEMEINSAM GENIESSEN

Bei Tisch wurden schon viele bewegende Fragen der Weltgeschichte geklärt und wichtige Bünde geschmiedet. Lässt man es sich nicht gerade allein in aller Ruhe schmecken, ist Essen immer auch ein sozialer Akt. Die leckeren Speisen gemeinsam zu begutachten, zu kosten und zu genießen, bringt viel Nähe und ist einfach ein schönes Gemeinschaftserlebnis. Damit es auch für dich als Gastgeberin/Gastgeber entspannte Stunden werden, solltest du einige Tipps beachten.

Es muss nicht immer alles perfekt sein!

Beobachte dich doch einmal selbst, wenn du von anderen zum Essen eingeladen wirst, also nicht Gastgeberin/Gastgeber, sondern Gast bist: Ist es wirklich wichtig für dich, dass die Tischdecke akkurat gebügelt, die Küche blitzblank und der Tisch perfekt gedeckt ist? Wahrscheinlich nicht, denn viel wichtiger ist eine angenehme und entspannte Atmosphäre. Außerdem helfen die meisten Gäste gerne noch einmal mit, wenn es um die letzten Vorbereitungen zum Essen geht.

Es muss nicht immer aufwendig sein!

Keiner erwartet von dir ein Fünf-Gänge-Menü oder eine Speise auf Sternekoch-Niveau. Schließlich steht das nette Beisammensein im Vordergrund, und keiner möchte zum Platzen satt nach Hause gehen. Manchmal sind es die einfachen Gerichte, vielleicht mit einer kleinen Zutat raffiniert verfeinert, die zu diesem Anlass besonders munden. Wenn du das Essen planst, wähle am besten etwas aus, das sich gut vorbereiten lässt. So kannst du gar nicht erst in Hektik geraten. Serviere zum Beispiel eine köstliche Suppe, die du nur noch erwärmen musst, oder einen leckeren Auflauf, den du zum Garen in den Ofen schieben kannst. Auch ein Salat lässt sich gut bereits vor der Ankunft der Gäste zubereiten, nur das Dressing solltest du erst kurz vor dem Essen untermischen.

Es muss nicht immer alles fertig zubereitet sein!

Gemeinsam zu kochen kann genauso schön sein, wie gemeinsam zu essen. Ist deine Küche groß genug für mehrere Köche, könnt ihr im Team euer Essen zubereiten. Am besten übernimmt dabei einer die Regie, während die anderen „zuarbeiten". Vielleicht bei einem kleinen Aperitif, mit oder ohne Alkohol, macht das gemeinschaftliche „Schnippeln" und Rühren einfach Spaß. In der Küche vor den brodelnden Töpfen und zischenden Pfannen aus vereinten Kräften ein köstliches Mahl zu kreieren, lässt aus Freunden manchmal beste Freunde werden.

Eine andere Möglichkeit, gemeinsam aktiv zu werden, sind Gerichte, die erst am Tisch zubereitet werden. Bei einem Fleisch- oder Käsefondue oder einem Raclette dekorierst du den Tisch mit den Zutaten, alles andere übernehmen deine Gäste. Oder du servierst eine leckere Kartoffelsuppe und bietest dazu verschiedene Toppings wie Kräuter, Sauerrahm, Croûtons oder auch Shrimps und Schinkenwürfel an, mit denen deine Besucher ihre Portion ganz nach dem eigenen Geschmack verfeinern können.

Egal, für welches Gericht und für welche Zubereitungsvariante du dich entscheidest: Sei achtsam und genieße ganz bewusst die schöne Zeit mit deinen Gästen!

HALTE IMMER AN DER GEGENWART FEST. JEDER ZUSTAND,
JA JEDER AUGENBLICK IST VON UNENDLICHEM WERT,
DENN ER IST DER REPRÄSENTANT EINER GANZEN EWIGKEIT.

Johann Wolfgang von Goethe

HIER BITTE,
EINE KLEINIGKEIT FÜR EUCH!

Möchtest du zu einem Spieleabend oder einem netten Beisammensein mit Freunden eine Kleinigkeit zum Knabbern servieren, müssen es keine Chips, Erdnüsse und Co. sein. Überrasche deine Gäste doch einmal mit selbst gebackenen Crackern und würzigen Dips. Die kleinen Gerichte sind schnell gemacht und lassen sich gut vorbereiten, sodass du den Abend ganz entspannt und achtsam genießen kannst.

① SAUERKRAUT-CRACKER

Für 30–50 Stück • Zubereitungszeit: ca. 20 Minuten plus Ruhezeit und Zeit zum Trocknen

Zutaten: 500 g rohes frisches Sauerkraut • 2 Tl gemahlener Kümmel • 250 g fein gemahlener Leinsamen

Du pürierst das Sauerkraut und den Kümmel mit 350 ml Wasser und gibst dann den Leinsamen hinzu. Jetzt heißt es etwas Geduld, denn der Teig muss zunächst 1 Stunde ruhen. Danach rollst du ihn zwischen zwei Lagen Backpapier ca. 5 mm dick aus, ziehst das oberste Backpapier ab und drückst mit der Rückseite einer Messerklinge Rillen in den Teig, damit du die Cracker später gut auseinanderbrechen kannst. Anschließend legst du den Teig mit dem Backpapier auf ein Backblech und trocknest ihn im Backofen bei leicht geöffneter Tür zunächst 30 Minuten bei 65 °C Umluft, dann weitere 10–12 Stunden bei 50 °C. Danach ziehst du das Backpapier ab, wendest die Crackermasse und lässt sie noch einmal außerhalb des Backofens 12–14 Stunden trocknen. Die fertigen Cracker kannst du gut aufbewahren, wenn du sie trocken und luftdicht verschlossen lagerst.

146

② MEDITERRANE WALNUSS-CRACKER

Für 30-50 Stück • Zubereitungszeit: ca. 20 Minuten plus Einweichzeit und Zeit zum Trocknen

Zutaten: 220 g Walnusskerne • 50 g fein gemahlener Leinsamen • 3–4 sonnengetrocknete Tomaten • 30 g schwarze Oliven ohne Stein • 1 Tl getrockneter Oregano • 1 Prise Thymian • Salz • Pfeffer

Zur Vorbereitung weichst du zunächst die Walnusskerne 6–8 Stunden in kaltem Wasser ein. Mahle die Nüsse danach in der Küchenmaschine fein und mische die Leinsamen unter. Dann hackst du die Tomaten in kleine Stücke, schneidest die Oliven in Scheiben und mixt noch einmal alle Zutaten kurz zusammen, sodass noch feine Stückchen zu sehen sind. Gib die Gewürze zu und probiere dann in Ruhe, ob noch Salz und Pfeffer fehlen. Anschließend rollst du den Teig zwischen zwei Lagen Backpapier 3–4 mm dick aus und schneidest ihn in 5 x 5 cm große Quadrate. Dabei das Backpapier nicht entfernen. Lege die Quadrate auf ein Backblech und lasse sie im Backofen zunächst 1 Stunde bei leicht geöffneter Tür bei 65 °C Umluft, dann weitere 4 Stunden bei 50 °C trocknen. Das Backpapier entfernen, die Cracker wenden und noch einmal 4 Stunden trocknen lassen. Auch diese Walnuss-Cracker lassen sich trocken und luftdicht verschlossen aufbewahren.

③ WALNUSS-AUFSTRICH

Für 4 Personen • Zubereitungszeit: ca. 15 Minuten

Zutaten: 2 El Haferflocken • 1 El Roggenflocken • 1 El grob gehackte Walnusskerne • 1 El Sonnenblumenöl • 1 Tl Sojasauce • 1/2 Tl Dijonsenf • 1/2 Tl Tomatenmark • 1 El frische Kresse • Salz • Pfeffer

Für diesen würzigen Aufstrich verrührst du in einem Topf beide Flockensorten mit 125 ml Wasser und kochst sie so lange, bis ein sämiger Brei entsteht. Stelle diesen zunächst beiseite. Röste in der Zwischenzeit die Walnusskerne in einer Pfanne ohne Fett leicht an. Teste doch mal, ob du den Unterschied zwischen ungerösteten und gerösteten Kernen schmecken kannst. Sind Brei und Nüsse wieder abgekühlt, vermengst du sie, fügst die übrigen Zutaten zu und verarbeitest die Mischung mit dem Pürierstab zu einem feinen Mus. Nimm eine Kostprobe und schmecke gegebenenfalls mit Salz und Pfeffer ab.

④ RÄUCHERLACHS-AUFSTRICH MIT AVOCADO

Für 4 Personen • Zubereitungszeit: ca. 15 Minuten

Zutaten: 100 g Räucherlachs • 1 kleines Bund Dill • 1 reife Avocado • 2 El frisch gepresster Zitronensaft • 80 g saure Sahne • Salz • Pfeffer

Du wirst sehen: Dieser Dip ist im Handumdrehen zubereitet. Zunächst schneidest du den Lachs in kleine Würfel, wäschst die Kräuter, schüttelst sie trocken und hackst sie fein. Dann halbierst du die Avocado, entfernst den dicken Kern und löst das Fruchtfleisch heraus. Dieses zerkleinerst du grob mit einer Gabel und vermischst es mit dem Zitronensaft und der sauren Sahne. Jetzt noch den Lachs und den Dill unterheben und das Ganze mit Salz und Pfeffer würzen. Schon fertig!

EIN TISCH VOLLER LIEBLINGSGERICHTE

Lädst du Freunde zum Essen zu dir nach Hause ein, musst du auch nicht unbedingt allein für das leibliche Wohl sorgen. Bitte deine Gäste doch, statt Blumen oder eines kleinen Gastgeschenkes lieber etwas selbst gemachtes Kulinarisches mitzubringen. Das tun die meisten bestimmt sehr gerne. Am besten fügst du deiner Bitte noch ein paar Informationen hinzu: Welches Essen hast du geplant? Einen Kaffeeklatsch mit Kuchen, ein Grillen im Garten oder ein warmes Menü mit Vorspeise, Hauptspeise und Dessert? Etwas Asiatisches oder etwas Italienisches? So können sich deine Gäste besser auf das Treffen einstellen und überlegen, was zu deinem Speiseplan passen könnte. Ihr könnt natürlich auch eine Speisenfolge verabreden, und deine Freunde übernehmen dann die Vorspeise oder das Dessert.

Richtig spannend wird es, wenn jeder Gast sein Lieblingsessen mitbringt, um es den anderen zu präsentieren. Wie bei einer Weinprobe kostet jeder eine Kleinigkeit von allen Tellern und aus allen Schüsseln. Hier werdet ihr bestimmt auf bisher unbekannte Geschmackserlebnisse treffen oder früher sehr geliebte, aber mittlerweile vergessene Speisen wiederentdecken. Ihr lernt also sicherlich neue Zutaten und neue Aromen kennen und erfahrt gleichzeitig auch einiges Neues über die Anwesenden. Wer ist ein bisher unerkanntes Süßmäulchen, und wer mag es offenbar sehr pikant?

TIPP:

Ein Brunch ist eine gute Gelegenheit für dieses kleine Experiment. Du sorgst für die Getränke wie Kaffee, Tee, Wasser, Fruchtsaft und vielleicht Sekt und stellst die „Basisversorgung", also zum Beispiel Brot/Brötchen und Butter, zur Verfügung. Alles andere bringen deine Gäste mit. So kann jeder sein Lieblingsgericht vorstellen und gleichzeitig von allen anderen kosten.

HEIDELBEER-SCONES

Für 8 Stück • Zubereitungszeit: ca. 10 Minuten plus Backzeit

ZUTATEN

120 g Heidelbeeren
150 g Vollkornmehl
 plus etwas für die Arbeitsfläche
50 g Mandelmehl
1 1/2 Tl Backpulver
1 Prise Salz
60 ml flüssiges Kokosöl
120 ml Buttermilch

Beim Brunchbüfett etwas ganz Besonderes sind diese herrlich fruchtigen englischen Scones. Sie schmecken pur, mit Butter, mit Marmelade oder natürlich auch mit der klassischen Clotted Cream, der rahmigen Milchcreme. Für die Scones heizt du als Erstes den Backofen auf 200 °C vor und legst ein Backblech mit Backpapier aus.

Dann wäschst du die Heidelbeeren, sortierst die schlechten aus und tupfst die übrigen trocken. Mit ihrer appetitlichen Form und Farbe laden die Früchte geradezu zum Naschen ein. Gib aber acht, dass noch genügend zum Backen übrig bleiben. Jetzt vermischst du in einer Schüssel beide Mehle sowie Backpulver und Salz. Füge das Kokosöl und die Buttermilch hinzu und verarbeite alles rasch mit den Händen zu einem groben Teig. Zum Schluss knetest du auch die Heidelbeeren noch vorsichtig unter.

Bestäube deine Arbeitsfläche mit etwas Mehl und forme den Teig darauf zu einem ca. 2 cm dicken Kreis. Nun schneidest du wie bei einer Torte aus dem Kreis acht gleichmäßig große dreieckige Kuchenstücke. Lege diese Scones auf das Backblech und lass sie im Backofen ca. 15 Minuten backen, bis sie eine schöne Färbung angenommen haben.

Apfel-Hirse-Brot

mit Sonnenblumenkernen

Für ca. 15 Scheiben (750 g Brot)
Zubereitungszeit: ca. 30 Minuten plus Zeit zum Gehen, Einweichzeit und Backzeit

ZUTATEN

- 450 g gemahlene Hirse
- 1 Prise Zucker
- 1 Prise Trockenhefe
- 1–1,5 l kohlesäurehaltiges Mineralwasser
- 3 Äpfel, geschält und gerieben
- 100 g Zuckerrübensirup
- 100 g gemahlener Amaranth
- 150 g grob gemahlener Buchweizen
- 150 g grobes Maismehl
- 3 Tl gemahlener Koriander
- 2 Tl Salz
- 100 g Sonnenblumenkerne
- 200 g gemahlener Naturreis
- 2 El Rapsöl

Außerdem:
Fett für die Form

Schön saftig und bereit für alle Arten von Belag – dieses Brot ist perfekt für ein leckeres Frühstück, einen herzhaften Pausensnack, ein schmackhaftes Abendbrot oder einen Brunch mit Freunden. Probiere es aus und lass dich überraschen! Du musst nur etwas Geduld haben und dem Brot Zeit zum Gelingen geben. Zuerst musst du den Sauerteig ansetzen. Dazu gibst du 150 g Hirse, Zucker und Hefe in ein Glas mit Schraubdeckel (750 ml Inhalt) und gießt so viel Mineralwasser zu, bis das Ganze eine dickliche Konsistenz hat. Jetzt das Glas verschließen und an einem warmen Ort 3 Stunden gehen lassen.

Betrachte das Glas danach einmal genauer: Der Inhalt sollte mit Luftblasen durchsetzt sein.

Danach kommt der Vorteig an die Reihe: Du übergießt die übrige Hirse mit 300 ml heißem Wasser und lässt sie 30 Minuten quellen. Dann vermischst du den Sauerteigansatz, die Äpfel, den Zuckerrübensirup und die gequollene Hirse mit 700 ml Mineralwasser. Rühre nun Amaranth, Buchweizen, Maismehl und Koriander dazu, und fertig ist der Vorteig. Diesen deckst du mit einem sauberen Geschirrhandtuch ab und lässt ihn an einem warmen Ort 30–45 Minuten gehen.

Jetzt ist etwas Muskelkraft gefragt: Du verknetest Salz, Sonnenblumenkerne und den gemahlenen Reis mit dem Vorteig, fettest eine Kastenform und gibst den Brotteig hinein. Nun musst du ihn noch einmal an einem warmen Ort so lange gehen lassen, bis die Oberfläche Risse zeigt. Du schiebst das Brot auf der mittleren Einschubleiste in den kalten Backofen und backst es bei 140 °C Umluft zunächst 1 Stunde 40 Minuten. Dann bestreichst du es mit Rapsöl und stellst es noch einmal für weitere 30 Minuten in den Ofen. Genieße den Duft, den das Apfel-Hirse-Brot beim Backen verströmt.

Zutaten

350 g frischer Thunfisch
1 Schalotte
2 El Olivenöl
1 Tl Sherryessig
Meersalz
frisch gemahlener schwarzer Pfeffer
3 Tl kleine Kapern

Zum Garnieren:
1 unbehandelte Limette
Dill

Dieses kleine, aber feine Gericht ist ein Blickfang auf dem Büfett und wird deine Gäste bestimmt überraschen. Zuerst wäschst du den Thunfisch, tupfst ihn trocken und wickelst ihn dann in Folie. Damit sich der Fisch hinterher besser hauchdünn schneiden lässt, muss er zuvor für 2 Stunden ins Tiefkühlfach.

In der Zwischenzeit kannst du schon die Sauce zubereiten. Dazu schälst du die Schalotte und hackst sie fein. In einer Schüssel verrührst du Olivenöl, Essig, Salz und Pfeffer und fügst dann die Schalottenwürfelchen und die Kapern hinzu. Teste doch einmal, ob die Sauce auch würzig genug ist.

Jetzt rüstest du dich mit einem scharfen Messer aus und schneidest den angefrorenen Thunfisch in hauchdünne Scheiben. Richte diese auf einem großen Teller oder einer Servierplatte fächerförmig an – das sieht sehr hübsch und appetitlich aus. Beträufele den Fisch mit der Sauce und garniere das Ganze mit ebenfalls hauchdünn geschnittenen Limettenscheiben und Dill.

Für 4 Portionen
Zubereitungszeit: ca. 10 Minuten plus Gefrierzeit

THUNFISCH–
CARPACCIO

GEFÜLLTE AVOCADO
mit Sauerrahm-Dressing

Für 4 Portionen • Zubereitungszeit: ca. 20 Minuten

ZUTATEN

Für das Sauerrahm-Dressing:

1/2 Bund frische Minze
1/2 Bund Koriander
Saft von 1 Limette
1/2 Tl gemahlener Kreuz-
   kümmel
200 g Sauerrahm
100 g Naturjoghurt
1 El Agavendicksaft
Salz
Pfeffer

Für die gefüllten Avocados:

1 Dose Mais (Abtropf-
   gewicht 285 g)
2 mittelgroße Tomaten
50 g grüne Oliven ohne Stein
4 große reife Avocados
Saft von 1 Limette

Schüssel mit Limetten-
saft, Kreuzkümmel,
Sauerrahm, Joghurt
und Agavendicksaft und
schmecke dieses Dres-
sing mit Salz und Pfeffer
ab. Für die Avocados
spülst du den Mais in
einem Sieb ab und lässt
ihn dann gut abtropfen,
damit er die Füllung hin-
terher nicht verwässert.
Du wäschst und putzt die
Tomaten und schneidest
sie in kleine Würfel. Die
Oliven hackst du grob.

Dieses Gericht ist etwas fürs Auge und für den Gaumen. Es schmeckt herrlich frisch und aroma-tisch. Da cie aufgeschnittenen Avocados schnell braun werden, solltest du sie jedoch erst kurz vor dem Servieren zubereiten. Zunächst kümmerst du dich um das rahmige Dressing: Du wäschst die Kräuter, schüttelst sie trocken, zupfst die Blätter ab und hackst diese fein. Verrühre die Kräuter in einer

Sind das Dressing und die Füllung fertig, halbierst du die Avocados, entfernst jeweils den Kern und höhlst sie bis auf einen ca. 1/2 cm breiten Rand mit einem Löffel aus. Jetzt die Hälften sofort mit Limet-tensaft beträufeln und das herausgelöste Frucht-fleisch klein hacken. Verrühre es mit dem übrigen Gemüse und dem Dressing. Zum Schluss füllst du die Avocados mit dieser Mischung und bringst sie sofort zu Tisch.

Köstlich von der Wurzel bis zum Blattgrün

Du bist ein Fan von Kohlrabi, Karotten, Fenchel, Radieschen und Co.? Dann schau dir diese Gemüsesorten beim nächsten Einkauf doch einmal genauer an. Du kannst nämlich nicht nur die knackigen Knollen auf vielfältige Weise zubereiten, sondern auch die Blätter. Leider werden sie oftmals einfach achtlos entfernt und weggeworfen, dabei sind sie sehr schmackhaft und vitaminreich dazu. Sie geben manchem Gericht sowohl geschmacklich als auch optisch den letzten Pfiff.

Probiere es einfach einmal aus: Die grünen würzigen Blätter des Kohlrabi oder die dekorativen violett schimmernden Blätter der Roten Bete kannst du wie Spinat zu einem leckeren Blattgemüse zubereiten oder in Eintopfgerichten kurz mitgaren. Junge, zarte Blätter eignen sich auch roh für Salate. Du wirst erstaunt sein, was die Blätter und Stiele der Radieschen alles können. Klein geschnitten lassen sie sich wie frische Kräuter verwenden und geben zum Beispiel Suppen eine markante Schärfe und eine frische grüne Farbe. Auch der Fenchel hat ein besonderes Grün. Seine feinen, federartigen Blättchen verströmen eine angenehme Aniswürze. Kaufst du deine Karotten im Bund, kommst du auch in den Genuss des gesunden wie sehr schmackhaften Möhrengrüns. Mit seinem aromatisch-süßen Aroma passt es ähnlich wie Petersilie zu vielen verschiedenen Speisen.

Achtsam essen heißt also auch, alle essbaren Teile der Lebensmittel zu verarbeiten – und möglichst keine Reste wegzuwerfen. Abgedeckt und gut gekühlt, lassen sich viele Speisen auch in den folgenden Tagen noch verwenden. Aus bereits gegarten Nudeln oder Kartoffeln kannst du zum Beispiel Salate, Suppen oder leckere Pfannengerichte zaubern. Auch Reis, Bulgur und Quinoa bieten sich an für eine köstliche und kreative „Resteverwertung". Du hast bestimmt gute Ideen für neue kulinarische Kombinationen.

QUINOA
mit Roter Bete und Apfel

Für 4 Portionen • Zubereitungszeit: ca. 40 Minuten

ZUTATEN

250 g Quinoa
750 ml Gemüsebrühe
2 Schalotten
3 Stängel Minze
1 große Fenchelknolle
1 Apfel
2 mittelgroße Knollen Rote
   Bete (ca. 250 g, vorgekocht)
6 El Olivenöl
Salz
frisch gemahlener
   schwarzer Pfeffer
Saft von 1/2 Zitrone

Bei diesem leckeren und farbenfrohen Gericht kannst du den Geschmack des Fenchelgrüns als feinwürzige Garnitur einmal ausprobieren. Zunächst solltest du die Quinoa in einem feinen Sieb unter fließend heißem Wasser gründlich spülen. Dann gibst du die auch Inka-Reis genannten Körnchen in einen Topf, fügst die Gemüsebrühe hinzu und kochst das Ganze auf. Du reduzierst die Temperatur und lässt die Quinoa ca. 15 Minuten sanft köcheln. Dabei solltest du gelegentlich umrühren. Dann den Topf vom Herd ziehen und zugedeckt noch 5 Minuten ausquellen lassen.

In der Zwischenzeit schälst du die Schalotten und schneidest sie in kleine Würfel. Du wäschst die Minze, schüttelst sie trocken, zupfst die Blättchen ab und hackst sie fein. Vom Fenchel trennst du zuerst das Fenchelgrün ab und legst es für später beiseite. Nimm dir einen Moment Zeit und betrachte es einmal genauer: Es hat eine hübsche feinfiedrige Form. Jetzt werden Fenchelknolle und Apfel gewaschen, geputzt und klein gewürfelt. Bevor du dich um die Rote Bete kümmerst, solltest du besser Haushaltshandschuhe anziehen, sie färbt nämlich stark und lang anhaltend. Hast du dich so geschützt, schneidest du die Knollen in mundgerechte Würfel.

In einer Pfanne erhitzt du 2 Esslöffel des Öls und schwitzt die Schalotten darin an. Gib den Fenchel zu und gare ihn bei mittlerer Hitze ca. 5 Minuten, sodass er noch Biss hat. Füge dann den Apfel und die Rote Bete hinzu und lass das Ganze weitere 2 Minuten braten. Danach schmeckst du das Gemüse mit Salz und Pfeffer ab.

Zum Schluss müssen die Zutaten nur noch gut miteinander vermengt werden. Du ziehst zunächst das restliche Öl und den Zitronensaft unter die Quinoa und vermischst sie dann vorsichtig mit dem Gemüse und der Minze. Jetzt hat das Fenchelgrün seinen großen Auftritt: Es wird gewaschen, getrocknet und grob gehackt. Dann richtest du die Quinoa auf Tellern an und bestreust sie mit dem feinen Kraut. Guten Appetit!

EIN KLEINER

VORRAT

AN KÖSTLICHKEITEN

FRISCH SCHMECKEN LEBENSMITTEL EINFACH AM BESTEN,
ABER MEIST BLEIBT KEINE ZEIT UND KEINE GELEGENHEIT,
UM JEDEN TAG DAS GEWÜNSCHTE EINZUKAUFEN.
ZUM GLÜCK LÄSST SICH VIELES GUT FÜR EINIGE ZEIT
AUFBEWAHREN, WENN DU EINIGE WICHTIGE DINGE
BEACHTEST.

Der Kühlschrank war eine glorreiche Erfindung, macht er es doch möglich, viele Zutaten länger frisch zu halten. Doch mögen tatsächlich alle Lebensmittel die Kälte? Bei Fleisch, Wurst und Fisch ist das keine Frage. Anders sieht es bei kälteempfindlichem Obst und Gemüse aus, das bei der Lagerung im Kühlschrank schnell braun wird und wässrige Stellen bekommt. Sinkt das Thermometer unter 10 °C, reagieren zum Beispiel Auberginen mit Kälteschäden. Auch Kartoffeln, Zwiebeln, Knoblauch, Zucchini, Gurken und Kürbis solltest du nicht im Kühlschrank lagern. Tomaten verlieren bei zu kalten Temperaturen ihr sonniges Aroma, und Bananen verfärben sich schwarz, wenn sie aus der Kälte wieder ins Warme kommen. Auch exotische Obstsorten wie Ananas, Grapefruits, Mangos, Mandarinen, Melonen, Papayas und Orangen bevorzugen einen eher warmen Ort, wo sie gegebenenfalls noch etwas nachreifen können.

Einen Platz im Kühlschrank brauchen dagegen empfindliche Obstsorten wie Aprikosen, Pfirsiche, Beeren aller Art und Kirschen. Auch Blumenkohl, Brokkoli, Bohnen, Spinat, Spargel und alle Arten von Blattsalat fühlen sich im gekühlten Gemüsefach am Boden des Kühlschranks am wohlsten.

Neben der Kälteempfindlichkeit solltest du beim Lagern auch noch spezielle „Animositäten" beachten: Nicht alle Obstsorten sind Freunde, denn einige können sich einfach nicht gut riechen. Vor allem Äpfel, aber auch Aprikosen und Pfirsiche sondern nämlich das natürliche Reifegas Ethylen ab, das bei ihren Nachbarn eine schnellere Reife und damit welke und faule Stellen bewirkt.

Du kennst es bestimmt auch: Oft kommt der kleine oder große Appetit ganz plötzlich und unvorbereitet. Dann muss es rasch gehen! Man möchte sofort in diesem Moment etwas Leckeres genießen und kann den Einkauf und das anschließende Kochen und Zubereiten nicht mehr abwarten. Schnell greifen wir dann zum Schokoriegel oder knabbern das Käsestück im Kühlschrank an. Das muss aber nicht sein. Wenn du dir einen vernünftigen Vorrat an Lebensmitteln zulegst, bist du für solche Situationen bestens vorbereitet und kannst dir schnell etwas Feines und Bekömmliches gönnen. Zum Standard-Vorrat gehören zum Beispiel ein gutes Olivenöl, feine Gewürze, Reis, Bulgur, Nudeln und Hülsenfrüchte, vielleicht Eier und Joghurt – wenn du das magst. Auch Obst und etwas Gemüse solltest du immer im Haus haben. Äpfel und Möhren lassen sich zum Beispiel gut aufbewahren, aber auch Paprika und Tomaten sowie getrocknete Früchte wie Feigen oder Mangoscheiben und Nüsse eignen sich zum Lagern. Du findest bestimmt noch andere haltbare Lieblingszutaten, mit denen du dir einen erfrischenden Fruchtjoghurt, einen Salat oder eine leichte Pasta zusammenstellen kannst.

Entscheidende Tipps zum Aufbewahren:

- ➔ Obst und Gemüse halten sich länger, wenn du sie vor der Lagerung nicht wäschst. Sonst könnten die Lebensmittel durch zu viel Feuchtigkeit schnell verderben.
- ➔ Bei Kräutern im Bund solltest du immer das Band entfernen und die mit Wasser benetzten Kräuter lose in einem Plastikbeutel im Kühlschrank aufbewahren.
- ➔ Damit du das volle Aroma genießen kannst, solltest du dein Obst 1–2 Stunden vor dem Verzehr aus dem Kühlschrank nehmen.
- ➔ Gemüse mit Grün kannst du besser lagern, wenn du zuvor Knolle und Blätter trennst und beides separat aufhebst.

REGISTER

vegan 🌱 vegetarisch 🍃

158

IMPRESSUM

Texte und Rezeptbearbeitung:
Sabine Durdel-Hoffmann und Brigitte Lotz

Rezepte
Gertrud Berning: S. 128; Katja Briol: S. 94, 110; Sophie Bromberg: S. 129; Guido Cravelius: S. 77; Nina Engels: S. 24, 35, 50, 53, 104; Marie Gründel: S. 33, 42, 45, 46, 54, 86, 108, 122, 143; Susanne Grüneklee: S. 134; Anne Iburg: S. 18; Greta Jansen: S. 147 (3); Maja Nett: S. 139; Anne Peters: S. 98, 103; Rafael Pranschke: S. 31; Kathrin Sebastian: S. 12, 60/61; Annerose Sieck: S. 151; Bettina Snowdon: S. 146, 147 (2); Edina Stratmann: S. 68; Verlagsarchiv: S. 19, 63, 64, 67, 73, 81, 85, 91, 100, 112, 114, 119, 120, 125, 141, 152; Christina Wiedemann: S. 78, 136, 137, 142, 147 (4), 149, 153, 155; Sylvia Winnewisser: S. 65, 87, 135, 140.

Rezeptfotos
Studio Klaus Arras: S. 65, 85, 95, 101, 110, 134; Maria Brinkop: S. 138; Kay Johannsen: S. 76; Rafael Pranschke, Lukas Kotremba: S. 31; TLC Fotostudio: restliche Fotos.

Fotolia.com:
© Alexander Pleshko (S. 25); © amorroz (Hand S. 131); © andrei45454 (Schriftzug S. 84; Striche S. 96); © annaviolet (Elefant S. 56); © Annykos (S. 90); © babloggie (Heidelbeeren S. 60; Apfel S. 74); © benjavisa (Hand S. 127); © ceramaama (Muster S. 3, 7, 12, 13, 46, 47, 57, 78, 79, 83, 102, 103, 124, 125); © chronicler (Uhr S. 26); © cofeee (Gesicht S. 9, 89); © Cozy nook (Blumenstrauß S. 118); © darina13 (Schmetterlinge S. 6, 88); © DiViArts (Teller, Kräuter S. 4/5, 16, 116, 158, 159, 160; Gemüse S. 59); © Do Ra (Besteck S. 40; Tasse S. 15, 149; Terrine S. 77); © Epine (Hintergrund S. 24, 83, 136, 153, 154; Ananas S. 126); © Fandorina Liza (Hintergrund S. 85, 117, 135, 142); © faveteart (S. 48; Erdbeeren S. 98, 137; Hintergrund S. 49, 65, 72, 92, 97, 119, 134, 148; Melone S. 33, 139; Orange S. 35); © franzidraws (S. 36); © logaryphmic (Zitrone S. 107; Banane, Kiwi S. 126); © ipanki (Weintraube S. 28); © Iveta Angelova (Hintergrund S. 6, 7, 11, 17, 26, 28, 30, 33, 34, 37, 58, 67, 71, 86, 106, 110, 111, 131, 133, 140); © juliasnegi (Hintergrund S. 57); © julymilks (Vogel S. 2, 34); © Kara-Kotsya (Schriftzug S. 130); © Katikam (Muster S. 54, 55, 56, 120, 121); © locotearts (Hintergrund S. 27, 56); © Marina Demidova (Muster S. 42, 43, 68, 69, 148, 150, 151); © Marina Gorskaya (Giraffe S. 21; Muffin S. 41); © onkachura (Kräuter S. 93); © pashabo (Hintergrund S. 126, 145); © pikosaidr (S. 132); © rea_molko (Teller S. 93); © rinohara (Äpfel S. 75; Becher S. 67; Brett S. 108; Gewürz S. 135; Herzen S. 7, 14, 15, 32; Hintergrund S. 14/15; Knoblauch S. 18; Kochlöffel S. 4, 45, 50, 63, 77, 136, 143, 149, 155, 158; Messer S. 112; Mixer S. 53; Nudelholz S. 81; Pfanne S. 100, 140; Salzstreuer S. 110; Zitrone S. 50); © sliplee (Muster S. 94); © sliplee (Muster S. 94); © Sylverarts (Gesicht S. 3, 17, 30, 58, 106); © tanawatpontchour (Papiertextur); © tashka200 (Papiertextur); © zabavina (Obst S. 156); © Zhemchuzhina (Hintergrund S. 8, 18, 31, 64, 74, 84, 118, 130, 137, 143).

Designed by Freepik.com:
© 0melapics, © Bluelela, © Brgfx, © Inka1, © Johndory, © Juliasnegireva, © kjpargeter, © Milano83, © Nadezhda_grapes, © Olga_spb, © Planolla.

Redaktion
Ulrike Schulte-Richtering

Layout
Irina Gilgen

Satz
Stephanie Wojtynek

ABKÜRZUNGEN

cl = Zentiliter	ml = Milliliter
cm = Zentimeter	Msp. = Messerspitze
El = Esslöffel	P. = Päckchen
g = Gramm	TK = Tiefkühlprodukt
kg = Kilogramm	Tl = Teelöffel
l = Liter	

BACKOFEN

Falls nicht anders angegeben, beziehen sich die Backofentemperaturen auf den Elektroherd mit Ober- und Unterhitze. Falls du mit Umluft arbeitest, reduziere die Temperatur um 20 °C.

WICHTIGER HINWEIS:

Alle Angaben, Ratschläge und Tipps in diesem Buch wurden nach dem aktuellen Wissensstand sorgfältig erarbeitet. Dennoch erfolgen alle Angaben ohne Gewähr. Verlag und Autorinnen haften nicht für eventuelle Nachteile und Schäden, die aus den im Buch gemachten praktischen Hinweisen resultieren. Die in diesem Buch enthaltenen Ratschläge ersetzen nicht die Untersuchung und Betreuung durch einen Arzt.